謎解きの英文法
省略と倒置

久野暲・高見健一 著
Susumu Kuno　Ken-ichi Takami

Doesn't ma

Max gave Sally $10 and　　he gave **Harry $20.**

double object

There arose a storm ....

gapping

くろしお出版

はしがき

　私たちは英語を勉強する過程で、さまざまな疑問にぶつかったり、不思議に思える現象に出会います。本書は、そのような中で、特に「省略」と「倒置」に焦点を当て、その疑問や「謎」を解き明かそうとしたものです。

　本書で扱う問題のいくつかをあげてみましょう。私たちは中学や高校で、「命令文の主語は You で、普通は省略されるが、強調される場合は明示される」と教わりますが、Somebody call the police!（誰かすぐに警察に電話して！）のように、主語が You ではない命令文や、It'll be OK – you just wait and see.（大丈夫、成り行きを見守りなさい）のように、you が何ら強調されていない命令文をよく見かけます。また、英語の普通の文は、日本語と違って、主語が必ず必要であると教わりますが、Don't know what to say. や Looks like rain. のように、ネイティヴスピーカーが主語の I や It を省略するのをよく見かけます。英語の命令文の主語やその省略、平叙文の主語の省略は、いったいどのようになっているのでしょうか。

　英語では、主語だけでなく、次のように、動詞や動詞とそれに続く要素が省略されることもあります。

(1)　a.　John **likes** Mary, and Tom　φ　Jane.（φ = likes）
　　　b.　John can **eat beef** on Fridays, and I can　φ　on Fridays, too.
　　　　（φ = eat beef）

しかし、次の文でも、同じように動詞や動詞とそれに続く要素が省略されていますが、これらは英語として認められない不適格文です。

(2)　a. *John **likes** Mary, and Tom　φ　her.（φ = likes）

b. *John can **eat beef** rare, and I can ϕ rare, too.

   (ϕ = eat beef)

英語の動詞省略や動詞とそれに続く要素の省略は、どのような条件のもとで許されたり許されなかったりするのでしょうか。

英語には、「主語＋動詞＋副詞句」という基本語順の文ではなく、(3) のように、主語の位置に there を置き、(意味上の) 主語を動詞の後ろ (や文末) に倒置した there 構文や、(4) のように、主語と副詞句の語順を入れ替えた「場所句倒置」と呼ばれる構文があります。

(3) **There** is [**a crystal vase full of roses**] [on the hall table].
   (there 構文)

(4) [On the hall table] is [**a crystal vase full of roses**].
   (場所句倒置文)

(4) の場所句倒置文は、次のように、動詞 is の前に there を入れると、たちまち there 構文になります。

(5) On the hall table **there** is [a crystal vase full of roses].

場所句倒置文と there 構文は、いったいどこが違っているのでしょうか。これら２つの構文は、まったく同じように使われるのでしょうか。

(3)-(5) の there 構文と場所句倒置文の動詞は be 動詞ですが、これらの構文には、次のように一般動詞も用いられます。

(6) Once upon a time there **lived** a king who had three beautiful daughters.

(7) Around the fire **chattered** and **sang** many girls wearing their native costumes.

しかし、どのような動詞でも用いられるわけではありません。次のような動詞が用いられている文は、まったく不自然な不適格文です。

(8) *There **swam** a couple of boys in the wide river.

(9) *Toward the people gathering in the square **shouted** / **yelled** a burly police officer.

There 構文や場所句倒置文には、どのような動詞が用いられるのでしょうか。(6)–(9)で用いられている動詞はすべて自動詞ですが、他動詞は、これらの構文に用いられるのでしょうか。これらの構文はどのような場合に適格となるのでしょうか。

本書では、以上のような問題を明らかにしたいと思います。第1章から第3章では、英語の命令文と平叙文の主語の省略について考え、第4章と第5章では、英語の動詞、および動詞とそれに続く要素（動詞句）の省略について考えます。また第6章では、従属接続詞の because や when, after や if などが、次のように、2つの文の前に1つだけ現われる場合と、それぞれの文の前に現われる場合で、何か違いがあるのか、あるとすればどのような違いがあるのかを考えます。

(10) a. **If** it's warm and it isn't raining, we have dinner outside.

b. **If** it's warm and **if** it isn't raining, we have dinner outside.

読者のみなさんは、このような考察を通して、意外で興味深い言語事実に接するとともに、英語の省略や接続詞の反復が、理路整然と規則的に行なわれていることに驚かれることでしょう。

本書の第7章から第9章では、there 構文と場所句倒置文にどのような動詞が用いられ、どのような条件のもとでこれらの構文が適格となるかを考えます。また、これら2つの倒置文がどのような点で共通し、どのような点で違っているかも明らかにします。第10章では、英語の二重目的語構文と to を用いた構文に関して、これまでしばしば指摘されてきた「受領／所有」の意味について考えます。たとえば、I kicked Mary the ball. だと、メアリーは私が蹴ったボールを受け取っていると解釈されるのに対

し、I kicked the ball to Mary. だと、メアリーはそのボールを必ずしも受け取っているとは解釈されない、とよく言われてきました。しかし、このような「受領／所有」の意味は、二重目的語構文に常にあり、to を用いた構文には常にないのではなく、動詞によっていくつかの場合に分かれることを明らかにするとともに、なぜそのようになるのかを考えます。

　本書ではさらに、5つのコラムを設けました。コラム1と3は英単語の話で、前者は、snail mail（カタツムリ便）や whole milk（全乳）、heterosexual marriage（異性同士の結婚）のような「レトロニム」と呼ばれる単語について、後者は、unputdownable（本などが面白くて途中でやめられない）や unputoffable（先延ばしできない）のような単語について解説します。コラム2では、立て札に犬のリードをつけた絵とともに書かれている Leash and Pick up after Your Pet という英語がどういう意味で、どのような構文になっているかを解説します。コラム4では、第10章との関連で、二重目的語構文と for を用いた構文には、「受領／所有」の意味があるのかを考え、コラム5では、二重目的語構文から疑問文や強調構文、受身文などを作る際に、間接目的語と直接目的語で生じる違いについて観察します。参考にしていただければ幸いです。

　この本を書くにあたり、多くの方にお世話になりました。特にKaren Courtenay, Nan Decker のお二人からは、本書の多くの英語表現に関して有益な指摘をたくさんいただきました。また、くろしお出版の岡野秀夫氏には、本書の原稿を何度も通読していただき、さまざまな助言をいただきました。ここに記して感謝します。

2012 年　初冬　　　　　　著　者

目　次

はしがき　*i*

第1章　命令文 (1) *1*

― 主語はいつも You か ―

- 命令文の主語　*1*
- 主語が You 以外の命令文　*2*
- 「呼びかけ語」ではないか？　*5*
- まとめ　*11*

第2章　命令文 (2) *13*

― 主語 You はいつ明示されるか ―

- 主語 You のない命令文とある命令文　*13*
- 強調ではない You が示される命令文 (1)　*16*
  ― 話し手の権威の表われ（怒りやいらだちを表わす口調で発話される）
- 強調ではない You が示される命令文 (2)　*18*
  ― 話し手の世話役としての権威の表われ（いたわり、優しさをこめた口調で発話される）
- 強調の You が示される命令文 ― 重要度の高い情報　*22*
- まとめ　*27*

コラム①　Snail mail って何だか知っていますか？　*28*

第3章 主語のない定動詞句文 35

- はじめに 35
- 1人称代名詞 I の省略 36
- 2人称代名詞 You の省略 42
- 3人称代名詞 He, She, They の省略 43
- It, There の省略 45
- インターネット・チャットの主語省略文 47
- 書き言葉に現われる主語のない定動詞句文 49
- まとめ 54

第4章 穴あけ規則 57

- 「穴あけ規則」と「右枝節点繰上げ規則」 57
- 穴あけ規則は、「主語+動詞表現」も省略できる 62
- 穴あけ規則は、2つの穴をあけることができる 62
- 穴あけ規則適用で残された構成要素は、強調を受けなければならない 63
- 情報の新旧、語順、強調 66
- 穴あけ規則適用の機能的制約（1） 69
  — 情報の新旧に基づいた制約
- 穴あけ規則適用の機能的制約（2） 73
  — 残された2つの構成要素間の構文法的関係の復元容易性
- 結び 79

第5章 動詞句省略規則 81

- ●「動詞句」という構成要素 *81*
- ● 動詞句の内部構造 *84*
- ● I eat の eat の前には、助動詞 DO が実在する *85*
- ● 動詞句の左端に埋め込まれた動詞句 *87*
- ● 動詞句省略の謎 — 副詞句の修飾ターゲット *90*
- ● 結び *95*

コラム② Leash and Pick up after Your Pet *98*

第6章 従属接続詞の反復 111

- ● はじめに *111*
- ● Because 節 *112*
- ● 時を表わす従属接続詞 *118*
- ● 条件接続詞 if *124*
- ● ここまでのまとめ *126*
- ● The fact 構文の中の that の反復・非反復 *127*
- ● The fact that の反復 *130*
- ● まとめ *132*

コラム③ Unputdownable という単語を知っていますか? *135*

第7章 書き言葉に見られる There 構文 *141*

― どんな動詞が用いられるか ―

- 書き言葉での there 構文 *141*
- どんな一般動詞が用いられる? *142*
- 場面設定と存在／出現 *146*
- 《There 構文に課される機能的制約》で説明できる例 *150*
- 観察者としての話し手 *153*
- 消滅、非存在および非出現 *158*
- 結び *163*

第8章 場所句倒置文 (1) *165*

― There 構文とはどこが違うか ―

- 「場所句倒置文」とはどんな文? *165*
- There 構文の意味上の主語は不定名詞句のみか? *169*
- There 構文の意味上の主語は「新情報」 *170*
- 場所句倒置文の主語は、場所句より新しい情報か? *174*
- 場所句倒置文の主語も「新情報」 *178*
- 場所句倒置文の主語の機能 *181*
- まとめ *185*

第9章 場所句倒置文 (2) *187*

— どんな動詞が用いられるか —

- はじめに *187*
- 設定された場面に主語指示物がいる／あると解釈されるか？ *188*
- 観察者が観察している場面への主語指示物の出現 *199*
- 観察者が観察している場面からの主語指示物の消滅 *203*
- 結び *205*

第10章 二重目的語構文と「所有」の意味 *207*

- はじめに *207*
- これまでの説明とその問題点 *208*
- 動詞の目的語と前置詞の目的語の違い *211*
- 二重目的語構文と to を用いた構文の違い *213*
- 「授与動詞」はどちらの構文でも「所有」の解釈あり *216*
- 「伝達動詞」(tell, show, read など) も「所有」の解釈あり *220*
- teach と「投与動詞」の場合 *222*
- 物を送れば相手は必ず受け取るか？ *225*
- Write はどうか？ *228*
- 「将来の所有動詞」も同じ *229*
- まとめ *230*
- Teach で注意すべきこと *232*

コラム④ 二重目的語構文と for を用いた構文に「所有」の意味はあるか？ *235*

コラム⑤ 間接目的語と直接目的語、「give 型」動詞と「buy 型」動詞はどこが違う？ *238*

付記・参考文献 *246*

［本文中の例文において、文頭に付されたマークが表わす意味］
- *　　不適格文
- ??　　かなり不自然な文
- ?　　やや不自然な文
- √　　無印と同様に適格文

命令文 (1)
― 主語はいつも You か ―

第 1 章

● 命令文の主語

次のような文は「命令文」と呼ばれ、疑問文や感嘆文などとともに、誰にもよく知られている文の形です。

(1) a. Be quiet!
    b. Call the police immediately!
    c. Don't work too hard.

(1a-c) では、話し手が「静かにしなさい！」、「すぐに警察に電話して！」、「働き過ぎるなよ」のように、聞き手に命令したり、依頼したり、助言したりしています。そのため、これらの命令文には主語がありませんが、主語はもちろん聞き手の You であることは誰にも明らかです。

命令文の主語 You が、次のように明示される場合も多くあります。

(2) a. **You** get down off of there immediately!
    「君はそこからすぐに降りなさい。」
    b. Don't **you** do it.

ここでは、話し手が聞き手に「そこからすぐに降りなさい」、「それをしてはいけない」と命令や助言をしています。

命令文の主語に関して、高校生用英文法書を3冊見てみると、次のようになっていました（下線は筆者）。

(3) a. 命令文の主語は<u>必ず</u> You であり、普通は省略される。主語の You は、<u>強調する場合は</u>明示される。
   b. 命令文の主語は、本来は You であるが、普通は省略される。
   c. 命令文の主語は文の中には現われない。特に命令する相手を<u>強調する場合</u>、命令文に主語の You を入れることがある。この You は強く発音する。

(3a-c) を読むと、(i) 命令文の主語は、省略されてもされなくても、常に You であり、(ii) その主語 You は、強調される場合に明示される、ということになりますが、本当にそうでしょうか。本章と次章ではそれぞれ、これら (i), (ii) の説明が妥当でないことを明らかにします。まず本章では、主語が You ではない命令文もたくさんあることを示し、次章では、You が強調ではない場合でも用いられることを示して、You のある命令文とない命令文がどのような点で違うかを明らかにします。

● 主語が You 以外の命令文

(1a-c) のように、命令文の主語が省略されている場合は、その主語は聞き手の You ですが、主語が You ではない命令文はたくさんあります。次の例を見てみましょう。

(4) a. **Kevin** clear the table, and **Meg** do the dishes, OK?
   「ケヴィンはテーブルを片付けて、メグは皿を洗って。

いい？」
- b. **Mr. and Mrs. Thompson** come to Room 7.
　　「トンプソン夫妻は7番の部屋に来てください。」
- c. **Boys** stand up.
　　「男子は立ちなさい。」
- d. **The girl in the corner** close the door, please.
　　「隅にいる女の子はドアを閉めてください。」

(4a-d) では、主語が太字で示されており、you ではありません。しかしこれらの文は、ケヴィンやメグ、トンプソン夫妻、男の子や隅にいる女の子に、話し手がそれぞれの行為をするよう、命令や依頼をしている命令文です。特に (4a, d) では、主語が Kevin, Meg, the girl in the corner で、三人称単数名詞ですから、これらの文が平叙文なら、動詞は、clears, does, closes のように単数呼応になるか、will のような助動詞が必要になります。したがって、動詞が clear, do, close の原形であるということは、これらの文が (1a-c), (2a, b) と同様に、命令文であることを示しています。

　(4a-d) の主語は、Kevin や Mr. and Mrs. Thompson のような固有名詞、boys や the girl in the corner のような、聞き手の中の特定の人を指す名詞ですが、命令文の主語には、聞き手の中の誰であるかを特定しない、「誰も、誰か、誰でも」に相当する次のような表現も用いられます。

(5) a. **Everyone** be ready to go in half an hour, all right?
　　「30分後にみんな出かけられるよう準備をしなさい。いいですか。」
- b. **Nobody** vote for the Republicans!
　　「誰も共和党員に投票しないで。」

c. Don't **anyone** be late for the ceremony!
　　　「誰も式に遅れないように。」

　　d. **Somebody** call the police immediately!（cf. 1b）
　　　「誰かすぐに警察に電話して。」

(6) a. **Whoever knows this** come see me after class.
　　　「これを知っている人は誰でも、授業の後に私のところに来てください。」

　　b. **The last one to leave** close the windows and lock the door.
　　　「最後に帰る人は、窓を閉めてドアに鍵をかけてください。」

(5a-d) の主語は、everyone, nobody, anyone, somebody の数量詞表現であり、(6a, b) の主語は、whoever knows this, the last one to leave であり、You ではありません。これらの文が命令文であることは、主語の everyone, nobody, anyone, somebody, whoever knows this, the last one to leave が単数名詞であるにもかかわらず、動詞が be, vote, do(n't), call, come, close, lock と原形になっていることからも分かります。

Everyone be ready to go in half an hour, all right?

第1章　命令文⑴－主語はいつも You か－　5

　(4a-d), (5a-d), (6a, b) の主語は、聞き手の中の誰であるかが特定されているかどうかの違いはあるものの、いずれも話し手が命令や助言を発している<u>聞き手</u>です。しかし次のように、<u>聞き手ではない人</u>も、聞き手と一緒なら命令文の主語として用いられます。

(7) a. **You and Sue** come home right after school today, OK?
「あなたとスーは今日、学校が終わったらすぐに家に帰ってくるのよ、いい？」
b. **You and your children** stay here with us.
「あなたとあなたの子供たちは、私たちとここにいなさい。」

　(7a, b) では、話し手は聞き手の you に向かって命令や助言を述べていますが、主語は、聞き手ではない Sue や your children も含む表現です。そして、これらの命令文はまったく自然な適格文です（【付記1】参照）。
　以上、(4a-d), (5a-d), (6a, b), (7a, b) のような例から、命令文の主語には、You 以外の名詞も用いられることが分かります。したがって、(3a-c) の高校生用英文法書の記述は、(1a-c), (2a, b) のような命令文についてのみあてはまり、命令文全体の記述としては妥当でないと言えます。

● 「呼びかけ語」ではないか？

　前節で、命令文の主語には You 以外の名詞も用いられることを示しましたが、読者の中には、これらの名詞は主語ではなく、話し手が聞き手に呼びかけている、「呼びかけ語」（vocatives）だ

と考える人があるかも知れません。たとえば（4c）（以下に再録）を例にとると、この文は（8b）のように、文頭の Boys の後にコンマ（発話ではポーズ）があり、主語は（1a-c）のように省略されていて、呼びかけた男の子たちを指す You であると思われるかも知れません。そのため、（3a-c）の高校生用英文法書の記述は間違っていないと考えられるかも知れません。

(8) a. **Boys** stand up. (=4c)［主語のある命令文—本章の仮説］
    b. **Boys,** [φ] stand up. ［呼びかけ語＋命令文］
          ⇧
          You

すなわち、一部の読者は、（4c）の Boys stand up. は、（8b）と同じ構造を持っていて、Boys は呼びかけ語であるけれども、表記上当然あるべきコンマが欠けているだけで、発音上も（4c）と違いはない、と主張されるかもしれません。

しかし、(8a) と (8b) は、まず発音の上で違っています。(8a) の Boys は普通の語強勢を受け、この文は、普通の平叙文のイントネーションで発音されますが、(8b) の Boys は降昇調 (fall-rise) で発音され、その後に顕著なポーズがあり、後ろの stand up. とは別個の音調単位 (tone-unit) を形成します (Quirk et al. (1985: 829) 参照)。さらに、(8a) の Boys は主語なので、文頭の位置にしか現われませんが、(8b) の Boys は、主語ではなく、呼びかけ語なので、Stand up, boys. のように文末に現われることもできます。

(8a) (=4c) の Boys が呼びかけ語ではなく、命令文の主語であるという本章の仮説には、さらにいくつかの証拠があります。まず、すでに (5a-d) と (6a, b) であげたような命令文が存在する、

ということからも裏づけられます。これらの命令文の文頭にはeveryone, nobody, anyone, somebody, whoever knows this, the last one to leave のような表現が用いられていますが、これらの表現は、everyone を除いて、次に示すように呼びかけ語としては用いられません。なぜなら、呼びかけ語は、聞き手を特定して、その特定の聞き手に呼びかける表現だからです。

(9) a. **Everyone,** be ready to go in half an hour, all right?（cf. 5a）
「みなさん、30分後に出かけられるよう準備をしてください。いいですか。」

b. ***Nobody,** vote for the Republicans!（cf. 5b）

c. ***Anyone**, don't be late for the ceremony!（cf. 5c）

d. ***Somebody,** call the police immediately!（cf. 5d）

(10) a. ***Whoever knows this,** come see me after class.（cf. 6a）

b. ***The last one to leave,** close the windows and lock the door.
（cf. 6b）

(5b-d), (6a, b) が nobody, anyone, somebody, whoever knows this, the last one to leave の後にポーズを置かないで発話されれば適格な命令文になる、という事実は、(8a)（=4c）の Boys の後のコンマの欠如がポーズの欠如を表わしているものとすれば、この文が「呼びかけ語＋命令文」ではなくて、「主語のある命令文」であるということを示しています。

さらに、You and Sue, You and your children のような、聞き手以外の人を含む表現は、(7a, b) で見たように、命令文の主語にはなれますが、次に示すように、呼びかけ語としては用いられません。なぜなら、呼びかけ語は、話し手が自分の眼前にいる聞き手

に向かってのみ用いられる表現だからです。

(11) a. ***You and Sue,** come home right after school today, OK?

(cf. 7a)

b. ***You and your children**, stay here with us. (cf. 7b)

(11a, b) では、スーや聞き手の子供は話し手の眼前にはいませんから、その人たちを呼びかけ語として用いることはできません。よって、これらの呼びかけ文は不適格です。(7a, b) が適格な命令文で、(11a, b) が不適格な命令文である、という事実も、you 以外の名詞句を主語とする命令文が存在する、という仮説の強力な証拠となります。

(8a) の「主語のある命令文」と (8b) の「呼びかけ語 + 命令文」が異なるタイプの文であるというのは、さらに次のような再帰代名詞の違いにも表われています (Quirk et al. (1985: 829), Moon (2001: 20) 参照)。

(12) a. **Everyone** behave **yourselves** / **themselves**.
「みんな行儀よくしなさい。」
b. **Everyone,** behave **yourselves** / ***themselves**.
「みなさん、行儀よくしてください。」

(12a) の「主語のある命令文」では、目的語の再帰代名詞に yourselves だけでなく、themselves も可能ですが、(12b) の「呼びかけ語 + 命令文」では、再帰代名詞が yourselves のみ可能で、themselves は用いることができません。これは、(12a) では、everyone がこの文の主語なので、この 3 人称主語と呼応する themselves が用いられるのに対し、(12b) では、everyone が呼び

かけ語で、この文の主語は省略されている you なので、この２人称主語と呼応する yourselves のみ用いられて、themselves は用いられないためです。それではなぜ (12a) で yourselves も用いられるかというと、主語の everyone が３人称であるにもかかわらず、これは<u>聞き手</u>を指していますから、この意味的な（直示的な）指示により、yourselves も許されるというわけです（【付記２，３】参照）。

　(8a) と (8b) が異なるというのは、さらに次のような付加疑問の違いにも表われます。

(13) a.　**Everyone** listen carefully, will **you**? / will **they**?
　　　　「みんな注意して聞いてくれますか。」
　　b.　**Everyone,** listen carefully, will **you**? / *will **they**?
　　　　「みなさん、注意して聞いてくれますか。」

(13a) の「主語のある命令文」では、その付加疑問が will you?（または won't you など）だけでなく、will they? も可能ですが、(13b) の「呼びかけ語＋命令文」では、will you? は可能ですが、will they? は用いられません。そしてこの点も、(13a) では主語が everyone であるのに対し、(13b) では、主語が省略されている you であるという違いから説明できます。

　さらに、(8a) と (8b) には、これらの文を使うことができる文脈に大きな違いがあります。たとえば、(8a) の命令文は、聞き手が男の子だけのときには使えず、聞き手の中に女の子もいて、「男の子は立ちなさい」と対比的に述べるときにしか使えませんが、(8b) の呼びかけ文は、聞き手が男の子だけでも構いません。

(14)

男の子と女の子がいる状況で

⇧

a. **Boys** stand up.［Boys を主語とする命令文］
b. **Boys,** stand up.［呼びかけ語 + 命令文］（【付記 4】参照）

(15)

男の子だけがいる状況で

⇧

a. ***Boys** stand up.［Boys を主語とする命令文］
b. **Boys,** stand up.［呼びかけ語 + 命令文］

　(8a) の「主語のある命令文」と (8b) の「呼びかけ語 + 命令文」（以下に再録）が異なる明白な証拠をもう 1 つあげておきましょう。

(8) a. **Boys** stand up. ［主語のある命令文］（=4c）
    b. **Boys,** [φ] stand up. ［呼びかけ語 + 命令文］
           ⇧
           You

（8a）の Boys はこの文の主語なので、当然のことですが、ここにさらに別の主語を入れることはできません。一方、（8b）の Boys は呼びかけ語であり、この文の主語は省略されているので、そこに主語を入れることができます。

(16) a. ***Boys you** stand up.
   b. **Boys, you** stand up.

したがって、（8a）の Boys を呼びかけ語と考えるのは妥当でないことが分かります。

　以上の考察から、前節で観察した（4a-d），（5a-d），（6a, b），（7a, b）のような文は、（1a-c），（2a, b）と同様にすべて命令文であり、文頭の名詞句は呼びかけ語ではなく、その命令文の主語であることが分かります。

● まとめ

　本章では、命令文の主語が、省略されてもされなくても、常に You であるというような高校生用英文法書の記述が妥当でなく、命令文の主語には、話し手が命令や助言を与える聞き手（（4a-d），（5a-d），（6a, b）参照）や、聞き手を含む表現（（7a, b）参照）なら、You 以外の名詞句も幅広く用いられることを示しました。そして、これらの表現が、命令文の主語ではなく、呼びかけ語であり、主

語の You が省略されていると考えることが妥当でなく、両者には重要な違いがあることを指摘して、これらの表現が主語であることを確認しました。

命令文 (2)
—主語 You はいつ明示されるか—

第2章

● **主語 You のない命令文とある命令文**

　前章の冒頭で、高校生用英文法書では、命令文の主語 You は、強調される場合に明示されるとなっていることを見ました。たとえば、主語 You のない命令文とある命令文 (1a, b) を考えてみましょう。

(1) a. Be quiet.
　　b. **You** be quiet.

「強調」というのは、「(他の人や私ではなく、) あなたが静かにしなさい」というように、他の人と対比的に用いられる場合だと考えられますが、その点を除けば、(1a) と (1b) はどちらも、話し手が聞き手に静かにするよう、命令や依頼をしており、ほぼ同じ意味だと思われるかも知れません。しかし、本当にそうでしょうか。

　(1b) の You がある命令文は、他の人と対比的でない場合にも用いることができます。つまり、高校生用英文法書の記述とは違って、命令文の主語の You は「強調」されなければならないとは限りません。しかし、(1a) の You のない命令文と (1b) の You のある命令文には、大きな違いがあります。(1a) は、単に聞き手に静かにしてくださいと依頼 (や命令) をしているのに対し、(1b) は、話し手が聞き手よりも立場が上で権威があり、聞

き手を自分より下の立場にあると考えて、聞き手をなかば見下すような言い方で、「君（たち）は静かにしろ！／しなさい」と命令している類いの文です。そのため、たとえば、先生が教室で騒がしくなった生徒たちに（1b）を用いることはできますが、たとえば、パーティーで酔って大きな声でしゃべっている人に対して、もし（1b）の You be quiet. と言えば、それは注意しているというより、その人を侮辱した無礼な表現となってしまいます。したがって、（1a）と（1b）は決して同じ意味ではなく、（1b）は、話し手がいらいらしたり、怒ったりして、なかば聞き手を怒鳴りつけるように、権威を示そうとする表現ですから、注意が必要です。したがって、パーティーの場面など、話し手と聞き手が大人同士で対等な関係にある状況では、（1a）の Be quiet,（please）や Will you be quiet, please? のような表現を用いるのが適切です。読者の方々は、（1a）と（1b）の間にこのような違いがあることをご存じだったでしょうか。

命令文は一般に、主語の You が明示されず、話し言葉で頻繁に用いられますが、書き言葉でも次のように、料理のレシピーや電気製品の説明書など、多くのところで用いられています。

(2) a. Combine the cabbage and celery. Sprinkle with a little salt and pepper and set aside to chill.（料理の本から）
「キャベツとセロリを混ぜ合わせます。そして塩とコショウを少々振りかけ、わきに置いて冷やします。」

　b. Keep iPhone and its accessories away from small children.（iPhone の説明書から）「iPhone とその付属品を小さな子供のそばに置かないでください。」

　c. Turn the volume down if you can't hear people speaking near you.（同上）
「あなたの近くで話している人の声が聞こえなければ、音量を下げてください。」

ここで、もしこのような命令文に主語の You をつけるとどうなるでしょうか。

(3) a. ***You** combine the cabbage and celery. ***You** sprinkle with a little salt and pepper and set aside to chill.

　b. ***You** keep iPhone and its accessories away from small children.

　c. ***You** turn the volume down if you can't hear people speaking near you.

もちろん、このような命令文が料理のレシピーや電気製品の説明書に用いられることはありません。なぜなら、このような書き言葉では、書き手とその指示を読む読み手は、お互いをまったく知らない他人の関係で、遠く隔たっていますから、書き手が自分の主観的な感情や権威を読み手に表明することはあり得ないからです。

● 強調ではない You が示される命令文（1）
― 話し手の権威の表われ
（怒りやいらだちを表わす口調で発話される）

　上で、(1b) の You be quiet. は、(1a) の Be quiet. と異なり、話し手が聞き手の思わしくない状況に接して、いらいらしてどやしつけるような表現であることを見ました。つまり、You を明示することで、話し手の社会的立場が聞き手より上で、話し手の権威が示されていることを見ました。以下に同様の例をあげてみましょう。

(4) a. **You** mind your language! I'm still your mother even if you are older now.
「言葉に気をつけなさい。もう大きくなったと言っても、私はそれでもあなたのお母さんなんだから。」

　b. **You** just shut up and listen!
「まあ黙って聞け。」

　c. **You** do as I say!（Moon 2001: 151）
「私が言うようにしなさい。」

　d. **You** get out of here this minute!（同上）
「今すぐここから出て行け。」

　e. **You** mind your own business, and leave this to me.
（Quirk et al. 1985: 828）
「余計なお節介はしないで、これは私に任せなさい。」

　f. **You** take your hands off me!（Swan 2005: 243）
「私から手を離しなさい。」

これらの例では、主語の You がなくても、発話の口調によって、

話し手の怒り、いらだちを表わすことができますが、活字にされた文では、それが表わされません。他方、活字にされた文としての(4a-f)では、You があることにより、話し手の怒りやいらいらした気持ちがが強く表わされ、話し手が聞き手に対して非難や警告、説得をしようとしていることが示されています。Quirk et al.（1972: 403）は、主語の You が、人差し指を立てて前後に振るジェスチャー（これは finger-wagging と呼ばれ、人を非難、軽蔑する動作）に等しい効果を発揮すると述べています。たとえば(4a)では、大きくなって口の利き方が悪くなった子供に母親が気を悪くして、「何よ、その言い方は？言葉に気をつけなさい！」と、子供を非難していることが分かります。

　(4a-f)のような You のある命令文は、上でも述べたように、話し手が聞き手より社会的立場が上で、話し手に権威がある場合に用いられます。したがって、話し手の社会的立場が聞き手より低く、権威がない場合でも、話し手がこのような命令文を用いると、一時的に自分がそのような立場にあると想定して述べていることになります。たとえば、卑近な例で恐縮ですが、雇い主がお手伝いさんの手を握ったような場合に、お手伝いさんが(4f)の **You** take your hands off me! と言えば、自分のほうが一時的に立場が上で、権威があると想定していることになります。

　次のような否定命令文に関しても同じことが言えます。

(5) a. Don't **you** ever do that again!
 「もう二度とそれをするなよ。」
 b. Don't **you** dare talk to me like that!
 「そんな風に私に話したら承知しないよ。」

(5a)では、何か悪いことをした聞き手に対して、話し手がいら

いらして、「もう二度とそれをするなよ」と警告を発していると解釈されます。(5b)についても同様のことが言えます。

この節では、命令文の主語 You が明示されるのは、話し手が怒ったりいらいらして、聞き手に非難や警告をして、聞き手に対する権威を示していることを見ました。それではなぜ、主語の You を明示すると、話し手の聞き手に対する権威の表われとなるのでしょうか。命令文の主語が You であることは、文脈や状況から明らかであり、明示する必要がないのに、話し手があえてそれを明示するということは、聞き手がそれをあたかも分かっていないほど愚かだということを示唆します。つまり、普通の人なら誰でも分かっていることを話し手が聞き手にわざわざ明示するので、話し手が聞き手を(言葉や物事を十分に理解していない)子供のように見下し、聞き手にはっきりと分かるように言ってやっているという意味合いが生じることになります。そのために、You を明示した命令文には、話し手の立場が聞き手より上で、権威があるという意味合いが生じるものと思われます。

● 強調ではない You が示される命令文(2)
　— 話し手の世話役としての権威の表われ
　　(いたわり、優しさをこめた口調で発話される)

強調ではない You が示される命令文には、もう1つのタイプとして、聞き手が病気や苦痛、悩みや心配事などで弱ったり、困ったりしている状況で、聞き手のことを優しく思いやって、安心させたり、励ますように言う場合があります。You が示されるこのタイプの命令文は、当然のことながら、いたわり、優しさを込めた口調で発話されます。次の例を見てください。

(6) a. ［疲れたり、病んでいる子供に］
　　　You lie down and rest now.
　　　「さあ横になって休みなさい。」
　b. ［父親が、組み立てなければならないクリスマスプレゼントをもらった子供に］
　　　You go play with your other presents and let Daddy figure out how to put it together.
　　　「向こうへ行って他のプレゼントで遊んでいたらいいよ。それを組み立てるのは、お父さんがやってあげるから。」

ここでは、疲れたり病気になった子供に大人が世話をする立場で親切に接したり、戸惑っている子供に父親が優しく言って安心させたりしようとしています。

(6a, b) では、話し手が大人や父親で、聞き手が子供なので、話し手のほうが社会的立場が上で、権威があると考えても矛盾が起きません。しかし、(6a, b) タイプの命令文は、必ずしも話し手の社会的立場が聞き手より上である必要はありません。次のような文は、いずれも話し手の社会的立場が聞き手と同等か、下であっても用いられます。

(7) a. **You** just sit down here and have a nice cup of coffee; you really don't have to worry about it.
　　　「まあここに座って美味しいコーヒーでも飲みなさい。それを心配する必要なんか、まったくないよ。」
　b. Now **you** go home and relax, OK?
　　　「もう家に帰ってゆっくりしなさい、いい？」
　c. **You** just make yourself at home and help yourself to a drink

and a sandwich.

「さあくつろいで、飲み物とサンドイッチを自由にお取りください。」

d. Now **you** just calm down and tell me all about it.

「まあちょっと落ち着いて、何があったか全部話してごらん。」

e. It'll be OK – **you** just wait and see.

「大丈夫。成り行きを見守りなさい。」

f. **You** just relax now and let us take care of everything.

「さあ、あなたはちょっとリラックスして、私たちにすべて任せておきなさい。」

> Now **you** just calm down and tell me all about it.

これらの文でも、聞き手が心配したり、困っているような状況に話し手が接して、話し手が聞き手に優しい言葉をかけて、落ち着かせたり、安心させたり、励ましたりしようとしています。たとえば（7a）では、何かある事柄で心配している聞き手に、話し手が「そんなに心配する必要はないから、まあここに座って美味しいコーヒーでも飲みなさい」と言い、聞き手を安心させ、励ます言葉になっています。

次の文では、話し手が高校生で、聞き手が先生なので、話し手

のほうが社会的立場が下ですが、まったく適格な文です。

(8) ［高校生が学校の一室で先生と話をしていて、先生が急に腹痛を起こして苦しみ始めたときに］
Mr. Smith, **you** lie down on the couch and rest. I'll go get the school nurse.

それでは、(6)–(8) に共通している話し手と聞き手の関係は何でしょうか。それは、聞き手が困った状況に陥って、話し手が聞き手の世話をする立場の人になり、優しく慰めたり、元気づけたりしようとしている点です。この話し手が聞き手の世話をする立場に立つというのは、話し手が聞き手より立場が上であると見なすことができるので、前節で考察した、話し手が聞き手より社会的立場が上で、権威を示す命令文と共通点を持っていると考えられます。

ここで、(6)–(8) のような命令文は、話し手と聞き手がくだけた間柄で親しい場合に用いられることに注意してください。(8) をネイティヴスピーカーに示すと、高校生が先生と親しい場合にこのように言い、そうでなければ、Mr. Smith, please lie down on the couch and rest. I'll go find the school nurse. のように言うだろうと話してくれました。また、自分がたとえば大統領に信頼されている秘書であれば、このような you を伴う命令文を用いるだろうが、たまたま何かの関係で大統領のオフィスを訪ねた訪問者だとしたら、このような表現は用いないだろうとのことでした。これは、話し手が、この構文を用いることによって、自分が世話役なのだから、聞き手より立場が上である、ということを示唆しているため、社会的に上位の親しくない聞き手に用いると失礼になるからだと思われます。

次節へ移る前にここで2点繰り返しますが、1つは、前節と本節で観察した命令文の主語 You は、文法的には義務的ではなく、仮になくても、その文は不適格ではないということです。もう1つは、このような場合の主語 You は、聞き手を指していることが明らかなので、「強調」されたりはしていないという点です。したがって、高校生用英文法書では、命令文の You は強調される場合に明示されるとなっていましたが、このような記述は妥当ではないということになります。

● 強調の You が示される命令文 ― 重要度の高い情報

　前節までで、明示された主語 You が、「他の人や私ではなく、あなたが」という対比的な意味（強調）ではない命令文に2つのタイプがあることを述べました。本節では、その明示された主語 You が、対比的（つまり、強調の意味）に用いられる場合を見てみたいと思います。なお、この場合の命令文は、You が明示されても、それは話し手の聞き手に対する権威や世話をする立場を表わすものではありません。

　命令文は一般に、次のように主語 You が明示されませんが、なぜそうなのかをまず考えてみましょう。

(9) a.　Stand up!
　　 b.　Do it now!
　　 c.　Watch out for the car!

それはもちろん、話し手がこれらの文を聞き手である You に向かって言っているため、誰が立ったり、それを今すぐやったり、車に気をつけなければならないかが明らかなためです。つまり、

命令文の主語が You であることが、文脈や状況から一目瞭然であり、You は、聞き手が分かっている情報、言い換えれば、重要度が低い情報、旧情報なので、明示する必要がないわけです。

この点を踏まえて、次の例を見てみましょう。

(10) a.　I'm really bushed and I don't feel like doing the dishes.
　　　　YOU do them, OK?
　　　　「私すごく疲れていて、皿洗いしたくないの。あなたやってくれる、いい？」
　　b.　I'm really bushed and I don't feel like doing the dishes.
　　　　*Do them, OK?

(10a) の命令文では、主語の You が明示され、適格ですが、その You が明示されていない (10b) の命令文は不適格です。これはなぜでしょうか。それは、誰が皿洗いをするかという点が対比的になっており、皿洗いをするのが話し手の「私」ではなく、聞き手の「あなた」であるという点が強調されているために、You が聞き手にとって重要度の高い情報となっているからです。そしてこのような場合、You には強勢（ストレス）が置かれるので、その点を示すために、You を大文字にしています。高校生用英文法書で、命令文の主語 You は、強調される場合に明示されるとなっていましたが、それはこのように、ある行為を行なう人が対比的になっていたり、他の人とは区別して誰がその行為を行なうかを言いたい場合であり、そのような場合は、その You が聞き手にとって重要度の高い情報、言い換えれば、新情報になっている場合だと言えます。

ここで、このような場合の明示された You は、明示されていない (10b) が不適格であることから分かるように、文法上、義

務的で、必須要素であることに注意してください。そして、このような場合の You は、重要度の高い情報であるという、情報構造の観点から必要とされる要素であり、繰り返しになりますが、上の2つの節で観察した、話し手の権威や世話をする立場を表わすわけではまったくありません。

次の例も同様に説明できます。

(11) [夫婦の会話]

    A: What shall we do now?
        「さあどうしよう？」

    B_1: **YOU** stay with the children and I'LL go grocery shopping.
        「あなたは子供たちと一緒にいて。私は買物に行ってきますから。」

    B_2: *Stay with the children and I'll go grocery shopping.

(11A) の質問に対して、(11B_1) のように、You を明示して（You に強勢を置いて）答えることはできますが、(11B_2) のように、You を明示しないで答えることはできません。それは、話し手と聞き手の行なう事柄が対比的に述べられており、子供たちと一緒にいるのは聞き手であり、買物に行くのが話し手であるという点が強調されているので、You が聞き手にとって重要度の高い情報であるからです。したがって、その重要度の高い情報である You を示していない (11B_2) は不適格となります（【付記】参照）。

次の会話もほぼ同様に説明できます。

(12) A_1: There's a pile of dishes in the sink, Mike. **Wash them**, OK?

「流しに皿がいっぱいあるから、マイク。洗っといて、いい？」

［Aが出かけて1時間後に戻ってみると、皿がまだ流しにある］

A_2: Why are the dishes still in the sink?
「どうしてまだ皿が流しにあるの？」

B: I was waiting for you to help me.
「君が手伝ってくれるのを待っていたんだよ。」

A_3: No, **YOU wash them**. I'm going to watch TV.
「ダメ。あなたが洗うのよ。私はテレビを見るんだから。」

A_4: *No, **wash them**. I'm going to watch TV.

（12A_1）では、単に Wash them, OK? となっているのに対し、（12A_3）,（12A_4）では、YOU wash them. が適格で、You を明示しない Wash them. は不適格です。（12A_1）で You が明示されなくても適格なのは、この You が聞き手のマイクであることが明瞭であり、重要度の低い情報だからです（(9a-c) 参照）。一方、（12A_3）,（12A_4）では、皿を洗うのは、話し手ではなく、聞き手の You であるという点が強調されています。そのため、You は聞き手にとって重要度の高い情報なので、（12A_3）のように、それを明示することが必要で、（12A_4）のように明示しないと不適格になります。((12A_3) は、No, you wash them. だけでなく、you を明示しないで、No, wash them **by yourself**. のように答えることもできます。ただ、どちらの答え方をしても、「あなたが皿を洗う」の部分が強調され、you や by yourself が重要度の高い情報となっています。)

ここで、次の文を考えてみましょう。

(13) ［先生が授業中に］

   a. Stand up and read the passage, Steve.

   b. **YOU** stand up and read the passage, Steve.

先生の発話（13a, b）は、You があるかないかの違いですが、生徒のスティーヴに立ってテキストの一節を読むように指示するこれら2文は、まったく同じ状況で用いられているでしょうか。実は、これら2文は、用いられる状況が違います。(13a) の You がない命令文は、たとえば、先生が生徒たちにこれから順番にテキストを読んでもらうからと言い、まず最初にスティーヴに指示して言うときに用いられるような文です。先生は、スティーヴが読み終わったら、たとえば次のように言うでしょう。

(14)　　Stand up and read the next paragraph, Melissa.

一方、(13b) の You がある命令文は、(13a) の You がない命令文と違って、先生が最初、誰かスティーヴ以外の生徒に読むよう指示したものの、その生徒が準備不足などで読むことができず、それでその指示を今度はスティーヴにしたような場合に用いられる文です。つまり、主語の You が、先に指示された生徒や他の生徒ではなく、スティーヴであるという対比の意味で用いられており、重要度の高い情報です。そのため、You が明示されることになります。

最後に、命令文の主語が You ではない場合を見ておきましょう。私たちは前章で、命令文の主語には、You 以外の要素でも次のように現われることを観察しました。

(15)　a.　**Kevin** clear the table, and **Meg** do the dishes, OK?

(前章の (4a))

b. **Everyone** be ready to go in half an hour, all right?

(前章の (5a))

c. **The last one to leave** close the windows and lock the door.

(前章の (6b))

これらの命令文の主語は、それぞれの行為を聞き手の中の誰が行なうべきかを指定しており、明示されなければ You であると解釈されてしまい、まったく異なる意味になってしまいます。その点で、これらの明示された主語は、(10)–(13) の You と同様に、重要度の高い情報、新情報であることが分かります。そのため、このように明示されなければなりません。

● まとめ

　本章では、命令文の主語 You が明示されるのは、どのような場合かを考察しました。そして、それには２つの場合があり、１つは、話し手が聞き手の思わしくない状況に接し、自らの権威の表われとして、いらいらして聞き手に非難や警告を述べたり、逆に聞き手に優しく接して、聞き手を安心させたり、落ち着かせたりする場合、もう１つは、You が他の人と区別され、対比的に用いられ、重要度の高い新情報となっている場合であることを示しました。

コラム①

Snail mail って何だか知っていますか？

　現代社会では、人に連絡をとる場合、Eメール（電子メール：electronic mail (e-mail, email)）を用いるのが一般的になってきました。手紙を書いて切手を貼り、ポストに投函して郵送するこれまでの郵便 (mail) は時間がかかりますが、electronic mail (email) だと、瞬時に相手に届くので、早くて便利です。さて、この電子メールを electronic mail (email) と呼ぶようになると、これまでの郵便を単に mail と呼んでいたのでは、両者の釣り合いがとれず、紛らわしくなります。それで、普通の郵便は電子メールに比べると、（カタツムリ (snail) のように）遅いので、電子メールの利用者が普通の郵便をばかにした表現ですが、snail mail（カタツムリ郵便）と呼ぶようになりました。つまり、これまでの mail は、electronic mail ができたために、snail mail と呼び直されたわけです。この経過を次のように示しておきましょう（蛇足ですが、snail mail は2つの単語が韻を踏んでいて、楽しい響きがあります）。

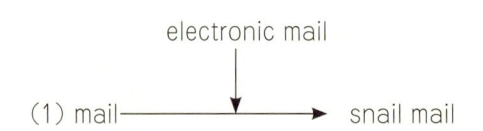

```
                  electronic mail
                        │
                        ▼
(1) mail─────────────────► snail mail
```

（1）からお分かりのように、snail mail という表現は、email

と対比的、対照的な場合に用いられ、そうでない場合は、これまで通りの mail という表現が使われます。

このように、もともとあった単語が、新しくできた別の単語の影響を受け、それと区別するために、より詳しい形で言い直されるようになった単語を「レトロニム」(retronym) と言います (retro とは、「再び元へ、逆に、後方へ」という意味です)。日本語でも「レトロ」は、「復古調、懐古的」という意味で使われますから、分かりやすいと思います。

Snail mail を知っておられる人は多いと思いますが、レトロニムは、これ以外にもたくさんあります。アメリカで牛乳を買おうとスーパーマーケットに行くと、日本の牛乳パックより大きなパックや容器に入って、whole milk と書いてあります。これは何だかご存知でしょうか。これが、普通の牛乳 (全乳、つまり脂肪分を取り除かない完全乳) ですが、この whole milk もレトロニムです。もともと milk だったのが、skim milk (脱脂乳、スキムミルク) や low fat milk (低脂肪牛乳) が使われるようになって、これらと区別するために whole milk と呼ばれるようになりました。もちろん、whole milk が、他の牛乳と対比的でない場合は、単に milk と呼ばれます。さらにたとえば、heterosexual marriage (異性同士の結婚) というのもレトロニムです。結婚は普通、男性と女性がするもので、わざわざ heterosexual と言う必要などないと思われそうですが、近年の gay marriage という用語の影響で、普通の marriage があえて heterosexual marriage と呼ばれるようになったわけです。もちろん、ここでも gay marriage と対比的でない場合は、単に marriage と言えばいいわけです。

これら2つのレトロニムを、(1) のような書き方を少し簡略化して、次のように示しておきましょう。

(2) milk ──▶[skim milk, low fat milk]──▶ whole milk
(3) marriage─▶[gay marriage]──────────▶ heterosexual marriage

レトロニムの例を(2), (3)の書き方でさらに示してみましょう。

(4) TV ──────▶[color TV]──────────────▶ black-and-white TV
(5) TV ──────▶[cable TV]──────────────▶ free TV
(6) oven─────▶[microwave oven]────────▶ conventional oven
(7) weapons─▶[nuclear/chemical weapons]─▶ conventional weapons
(8) search ──▶[computer search]────────▶ eyeball search
(9) language─▶[machine/computer language]─▶ natural language
(10) phone ──▶[touchtone phone]─────────▶ rotary phone
(11) phone ──▶[cell phone, satellite phone]─▶ landline phone

(4), (5)に示したように、「カラーテレビ」の登場で、それまでの白黒テレビが black-and-white TV と呼ばれ（日本語では「白黒テレビ」ですが、英語では「白」と「黒」の語順が逆で、black-and-white TV と言います）、見るのにお金がかかる「ケーブルテレビ」の登場で、普通のテレビが free TV と呼ばれます。(6), (7)では、「電子レンジ」(microwave(oven))や「核兵器」(nuclear weapon)、「化学兵器」(chemical weapon) の登場で、それまでのオーブンや兵器が、conventional oven（伝統的オーブン）、conventional weapons（通常兵器）と呼ばれます。(8)では、コンピューターで検索が行なわれるようになり（computer search）、もともと目を使って行なっていたのが eyeball search（目による検索）と呼ばれたりします。でも、eyeball は「眼球、目玉」で

すから、何かどぎつい感じの表現ですね。また (9) では、日本語や英語など我々の言葉が、機械言語 (machine language) やコンピューター言語 (computer language) の出現により、natural language (自然言語) と呼ばれます。そして (10)、(11) に示したように、電話は、押しボタン式電話 (touchtone phone) や携帯電話 (cell phone)、衛星電話 (satellite phone) の出現により、rotary phone (ダイヤル式電話) や landline phone (地上通信電話) のように呼ばれるようになりました。ただ、上でも述べましたが、これらのレトロニムは、新しくできた別の表現と対比的でない場合は、もとのままの単語が使われることに留意してください。

さらに例を追加してみましょう。

(12) Olympics → [Winter Olympics] ──────→ Summer Olympics
(13) family ──→ [one-parent family] ──────→ two-parent family
(14) skiing ──→ [water skiing] ──────→ snow skiing
(15) polo ──→ [water polo] ──────→ horse polo
(16) meeting ──→ [videoconference] ──────→ face-to-face meeting
(17) water ──→ [bottled water] ──────→ tap water
(18) restaurant → [fast food/takeout restaurant] → sit-down restaurant
(19) coffee ──→ [decaf coffee] ──────→ regular coffee

冬期オリンピック (Winter Olympics) が開催されるようになり、それまでのオリンピックを Summer Olympics と呼び、母子 (父子) 家庭 (one-parent family) が多くなるにつれて、両親がそろっている家庭を two-parent family と呼ぶようになりました。また、水上スキー (water skiing) と区別して、普通のスキーを snow skiing と呼び、水球 (water polo) と

区別して、馬に乗って行なう普通のポロを horse polo と呼びます。また、テレビ会議（videoconference）と区別して、面と向かって行なう普通の会議を face-to-face meeting と呼び、ボトルに入った水が売られるようになり、水道から出る普通の水を tap water と呼んだりします。そして、ファーストフード店や持ち帰り用の料理を売る店の出現により、普通に座って食事をするレストランを sit-down restaurant と呼んだり、カフェインの入っていないコーヒー（decaffeinated coffee）と区別して、カフェインの入っている従来のコーヒーを regular coffee と言ったりします。ここでももちろん、これらのレトロニムが、新しい表現と対比的でない場合は、もとの単語が使われることに留意してください。

　以上観察したように、レトロニムとは、以前からある「モノ」や概念が、新たに誕生した同種のものの登場により、それと区別されるために用いられる新たな表現のことですが、中には微笑ましいものもあり、興味深く思えます。そしてすでにお気づきのことと思いますが、レトロニムは英語に限ったことではなく、日本語や他の言語にも同様に見られます。たとえば日本語では、「携帯電話」の登場により、従来の電話を「固定電話」と言ったり、「エレキ（エレクトリック）ギター」の登場により、従来のギターを「アコースティック・ギター」と言ったり、「FMラジオ」と区別するために「AM ラジオ」と言ったりします。さらに、「新型インフルエンザ」と区別して、主に冬季に流行するこれまでのインフルエンザを「季節性インフルエンザ」と言ったり、「ポータブル・コンピューター、ラップトップ・コンピューター、ノートブック・コンピューター」など、可搬型コンピューターの登場により、従来型の机上に設置するパソコンを「デスクトップ・コンピューター」と呼ぶなど、数多くの

例をあげることができます。みなさんも探してみてはいかがでしょうか。

主語のない定動詞句文

第3章

● はじめに

第1章では、主語 you が省略されるはずの命令文に、3人称の主語が現われる場合を考察しました。また、第2章では、主語 you が省略されていない命令文を考察しました。本章では、主語のない定動詞句文を考察します。定動詞句とは、現在時制か過去時制を表わし、主語と人称、文法・数の一致を表わす動詞句のことです。

英語と日本語の構文法的な違いとして、よく、英語の定動詞句の主語は、その指示対象が明らかな場合でも明示されなければならないが、日本語の定動詞句の主語は、その指示対象が明らかな場合には、自由に省略できる、ということがあげられます。次の文は、この違いを示すものです。

(1) a. 明日 φ 健君に会いに行くつもりです。
　　b. *Tomorrow, φ am planning to go to see Ken.
(2) a. 健なら、φ まだ2階で寝ています。
　　b. *As for Ken, φ is still in bed upstairs.

(1a) では、「健君に会いに行くつもりです」という話し手の意図を表わす動詞句の主語、「私は」がありませんが、この文は完全な適格文です。他方、(1b) では、同じような意味を表わす am planning to go to see Ken という動詞句の主語が省略されています。

この主語は、1人称単数代名詞 I でしかあり得ないのですが、(1b) は不適格文です。同様、(2a) の日本語の主語が「彼は」であることは、文頭の「健なら」から明らかで、この文は完全に適格な文です。他方、(2b) でも、is still in bed upstairs の主語が健を指す he であることは、文頭の As for Ken から明らかですが、その he が省略されている (2b) は不適格文です。実際、フォーマルな(形式ばった堅い)英語、たとえば、論文、新聞の一面記事、社説などで、主語のない定動詞句文が使われるのは、皆無と言っても言い過ぎではないと思われます。

● 1人称代名詞 I の省略

それでは、英語では、定動詞句の主語が省略されることはないのでしょうか。定評のある Quirk et al. (1985) の *A Comprehensive Grammar of the English Language*(以下、*A Comprehensive Grammar* と略す)は、英語の定動詞句の主語の I が省略される例をいくつかあげていますが、まず最初にそのうちの次の3つを考えてみましょう。

(3) 1人称代名詞(通常、単数形の I)の省略
  a. Beg your pardon.
    「ちょっとすみませんが。」
  b. Told you so.
    「言ったじゃないか。」
  c. Don't know what to say.
    「何と言っていいか分からない。」

(3a) は常套句で、(3b, c) はインフォーマルな(くだけた)会話

に出てくる表現です。(3b, c) に対応する非省略文 (4a, b) は、それに対応する主語が3人称代名詞の (4c) や、2人称代名詞 you の (4d) と比べて、頻度数がはるかに高く、半常套句的な文です。

(4) a.　I told you so.（頻度数が高い）
　　 b.　I don't know what to say.（頻度数が高い）
　　 c. cf. He told you so.（頻度数が低い）
　　 d. cf. You don't know what to say.（頻度数が低い）

したがって、(4a, b) の主語が省略されていても、それが1人称代名詞であることは容易に推察できます。(3b, c) が適格文であることは、この理由によるものと思われます。

ここで念のため付け加えておきますが、もちろん、(4a) の主語の I が対比的に用いられている場合には、主語省略ができません。それは、対比的な主語は、予測ができない主語で、強調を伴って発音されるからです。

(5) Speaker A: Mary told me that I was wrong.
　　 Speaker B: a.　I told you so, too.
　　　　　　　　　 b. *Told you so, too.

(3c) については、次の興味深い対比があります。

(6) a.　Don't know what to say.（=3c）
　　 b. *Know what to say.

(6a, b) では、同じ主動詞 know が用いられていますが、否定文

の (a) では主語省略が可能で、肯定文の (b) では省略ができません。これはどうしてでしょうか。この謎の答えは、次のような質疑応答にあるように思われます。

(7) Speaker A: Who discovered DNA?
　　Speaker B: a1. I don't know.（普通の答え）
　　　　　　　 a2. Don't know.
　　　　　　　 b1. I know.　（稀な答え）
　　　　　　　 b2. *Know.

質問 (7A) に対する回答 (7Ba1) は普通の答えで、その頻度数はきわめて高いものです。インフォーマルな答えとして、1人称主語が省略された (7Ba2) は適格文です。他方、質問 (7A) に対する回答 (7Bb1) は、きわめて稀です。なぜなら、話し手が答えを知っていれば、I know などと答える必要はなく、誰が DNA を発見したかを答えるのが普通だからです。この文の1人称主語を省略した (7Bb2) は不適格文です。そうすると、(4a, b) の場合と同様、定動詞句文の主語 I の省略の1つの条件は、頻度数が高い慣用的表現ということになります。

A Comprehensive Grammar は、主語 I のない定動詞句文のほとんどが目的節をとる、と述べて（この記述は、もちろん (3a, b) にはあてはまりませんが）、さらに次の文をあげています。

(8) a. Wonder what they're doing.
　　　「連中は何をしてるんだろう。」
　　b. Hope he's there.
　　　「彼がいてくれればよいのだが。」
　　c. Think I'll go now.

「それじゃ失礼します。」

どうして目的節をとる定動詞句の主語が比較的省略しやすいのか定かではありませんが、(7B) の know、(8a-c) の wonder, hope, think が、内部感情、内部思考を表わす動詞であることを考えると、これらの省略文の主語が1人称代名詞であることが同定しやすい、ということに関係があるかもしれません。しかし、次の会話は、インフォーマルながらまったく自然な会話ですから、*A Comprehensive Grammar* の「主語 I のない定動詞句文のほとんどが目的節をとる」という記述は、あまり妥当だとは言えません。

(9) Speaker A:　　What did you do today?
　　Speaker B:　a. I went to the Science Museum.
　　　　　　　　b. Went to the Science Museum.
(10) Speaker A:　　How did you do on the test?
　　Speaker B$_1$: a. I passed.
　　　　　　　　b. Passed.
　　Speaker B$_2$: a. I didn't pass.
　　　　　　　　b. Didn't pass.

定動詞句の主語が1人称代名詞であることが文脈から明らかな文―(9B) のような2人称主語の質問の答え―では、*A Comprehensive Grammar* が示唆しているような高頻度性、慣用句性や目的節をとる動詞というような条件には関係なく、インフォーマルな会話で、1人称代名詞 I の省略が許されるというのが真実のようです。

　定動詞句文の主語 I（および他の代名詞主語）の省略について、さらに次の制約があります。まず、次の例文を見てみましょう。

(11) Speaker A: What are you doing?

Speaker B: a. I'm reading a book.

b. *Am reading a book.

(12) Speaker A: Where are you now? (電話で)

Speaker B: a. I am in Austin, Texas.

b. *Am in Austin, Texas.

(13) Speaker A: What have you done about your back pain problem?

「君の腰痛のこと、何か手をうったのかい。」

Speaker B: a. I've seen a specialist, but ...

「専門の医者に診てもらったんだけど...」

b. *Have seen a specialist, but ...

(14) Speaker A: You don't look well.

Speaker B: a. I have a stomach ache.

b. *Have a stomach ache.

(11B)–(14B) の主語は、(9), (10) で示したように、最も省略しやすいはずのものです。それにもかかわらず、(11Bb)–(14Bb)は、不適格文です。これはどうしてでしょうか。それは、am や have が意味内容の薄い極小の文法形式であることに起因するものと思われます。((14B) の have は「持つ」という意味内容を持った他動詞ですが、この have も、I've no money のように短縮形の使用を許しますから、文法形式的特徴を持った単語と言えます。)「主語を省略して、完全に先行文脈から復元可能な文法形式の am や have を省略しないで残すというような中途半端な省略はしてはいけない」という理由で不適格になるものと思われます。ただし、この制約は、you を主語とした質問 (あるいは陳述) に対する I を主語とした答えの主語省略に適用する制約で、あとで示すように、1人の話し手、あるいは書き手の文連続で文脈から自明の主語を省略する場合には適用しないことを心に留めておいて

ください。

　最後にもう1つ、定動詞句の主語の省略に関係してくる要因を付け加えておきます。次の2組の文を比べてください。すべて、「今お忙しいことと思います」という意味です。

(15) Guess you're busy now.
(16) a. ?Gather you're busy now.
　　　b. ??Suppose you're busy now.
　　　c. ??Presume you're busy now.
　　　d. ??Suspect you're busy now.
　　　e. ??Assume you're busy now.

(15)は、インフォーマルな表現ですが、完全に適格な省略文です。他方、(16a)は、少し不自然です。おそらく、gather が目的節を伴って用いられることが標準英語ではあまりないからだと思われます。(16b)は、かなり不自然な表現、と判断されます。私たちが尋ねたネイティヴスピーカーによると、suppose だと、Suppose you were in a foreign country with no money（「外国でお金が一銭もないというような状況を想像してみてください」という命令文、あるいは「もし外国でお金が一銭もなかったら」という仮定副詞節）の解釈が真っ先に頭に浮かぶからだ、ということでした。(16c-e)もかなり不自然な表現と判断されます。これは、presume, suspect, assume が目的節をとる動詞として、少し堅い表現である、ということに起因するものと思われます。定動詞句の主語の省略は、フォーマルな文体には許されない事象ですから、文に使われている単語が堅い表現だと、不調和が起きて、かなり不自然な文と判断されるわけです。

　本節で記述したように、定動詞句の主語Ⅰの省略には、英語を

母語としない話し手にとっては判定しにくいいろいろな要因が関係してきます。したがって、私たちは、(3a)のような完全に常套句化している表現を除いては、この省略パターンを使わないほうが無難ということになります。

● 2人称代名詞 You の省略

A Comprehensive Grammar は、定動詞句文の2人称主語 you の省略について、次の3つの文をあげています。

(17) 2人称代名詞 you の省略
   a. Got back all right?
      「無事戻ったか。」
   b. Had a good time, did you?
      「楽しかったかい。」
   c. Want a drink, do you?
      「何か飲み物が欲しいかい。」

(17a-c)は、「無事戻る」、「楽しかった」、「何か飲みたい」という行為、状態、希望についての聞き手に対する質問ですから、聞き手は、省略されている主語が you であると容易に解釈することができます。これらの文が適格なのは、この理由によります。

(18)は、1人称主語の省略について(9),(10)で観察したのと同じパターンの主語 you の省略が可能なことを示します。

(18) Speaker A: How did I do in the test?
    Speaker B_1: a. You didn't pass.
                b. Didn't pass.

Speaker B$_2$: a. You passed.
　　　　　　b. Passed.

　次の (19)–(21) は、(11)–(14) の主語の I の省略の場合と同様、1人の話し手の I を主語とした質問（あるいは陳述）に対する答えで、主語であることが明らかな you を省略して、are や have のような意味内容の薄い文法形式を省略しないで残すと不適格、あるいはそれに近い文ができることを示しています。

(19) Speaker A: How am I doing?
　　 Speaker B: a.　You're doing all right.
　　　　　　　　b. *Are doing all right.
(20) Speaker A: Where am I now?（観光客）
　　 Speaker B: a.　You're in the Italian-American section.（ガイド）
　　　　　　　　b. *Are in the Italian-American section.（ガイド）
(21) Speaker A: How have I been doing?
　　 Speaker B: a.　You've been doing all right.
　　　　　　　　b. *Have been doing all right.

(21Bb) の不適格性は、*A Comprehensive Grammar* の例文 (17b) の適格性と興味深い対照を示します。この事実は、(17b) が、(21Bb) のような2人の話し手の間の "I – you" の応答の答えのほうの文ではなく、"you – I" の応答の質問のほうの文であることを示しています。(17a, c) についても同じことが言えます。

● 3人称代名詞 He, She, They の省略

　A Comprehensive Grammar は、3人称代名詞の省略について、

次の例をあげています。

(22) 3人称代名詞 he, she, they の省略
 a. (He/She) Doesn't look too well.
  「調子がよくない様子だな。」
 b. (He/She/They) Can't play at all.
  「へただな。」

(22a, b) ともに、省略されているのは、話し手と聞き手がともにその場で観察している人（たち）を指す代名詞で、省略されていても復元可能な主語です。

(9), (10), (18) で考察した質疑応答パターンと同様、3人称代名詞主語も、インフォーマルな会話で省略することができます。

(23) Speaker A: Where's Mary?
  Speaker B: a. She went out for a walk.
      b. Went out for a walk.

1・2人称代名詞の主語省略の場合と同様、質問に対する答えで、意味内容の薄い文法形式 is, are, has, have を残して3人称代名詞主語を省略することはできません。

(24) Speaker A: What's your mother doing now?
  Speaker B: *Is cooking.
(25) Speaker A: Where is your mother?
  Speaker B: *Has gone out for a walk.

● It, There の省略

A Comprehensive Grammar は、定動詞句文の主語 it の省略として、次の文をあげています。

(26) it の省略
    a. Serves you right.
        「いい気味だ。」
    b. Doesn't matter.
        「どうでもよい。」
    c. Looks like rain.
        「雨が降りそうだ。」
    d. Must be hot in Panama.
        「パナマは暑いに違いない。」

(26a, b) は、常套句 (27a, b) の主語の it を省略した文です。

(27) a. It serves you right.
     b. It doesn't matter.

(27a, b) の主語の it は、先行文脈で話題になった状況を指します。(26c, d) で省略されている主語は、天候などを表わす it です。

　天候を表わす it の省略についても、これまで 1・2・3 人称代名詞の省略について観察してきた制約—すなわち、質問に対する答えで、意味内容の薄い文法形式の is や has を残して、1・2・3 人称代名詞主語を省略することはできない—と同じ制約が適用します。

(28) Speaker A: Did it rain or snow there? (電話で)
　　 Speaker B: a.　It snowed.
　　　　　　　　b.　Snowed.
(29) Speaker A: Is it raining or snowing there? (電話で)
　　 Speaker B: a.　It's snowing.
　　　　　　　　b.　*Is snowing.

　最後に *A Comprehensive Grammar* は、存在文の there が省略されている次の文をあげています。

(30) 存在文の there の省略
　　 a.　Ought to be some coffee in the pot.
　　　　「ポットにコーヒーが残っているはずだ。」
　　 b.　Must be somebody waiting for you.
　　　　「誰かがあなたを待っているに違いない。」
　　 c.　May be some children outside.
　　　　「外に子供がいるのかもしれない。」
　　 d.　Appears to be a big crowd in the hall.
　　　　「会場に大勢の人が集まっているようだ。」

　There を主語とした質問に対する答えで、am, is, have, has などの意味内容の薄い文法形式を残して there を省略することができないことは、言うまでもありません。

(31) Speaker A: How much money might there be in your account?
　　 Speaker B: a.　There might be about $4,000.
　　　　　　　　b.　Might be about $4,000.
(32) Speaker A: How much money is there in your account?

Speaker B: a.　There's about $4,000.
　　　　　　b. *Is about $4,000.

● インターネット・チャットの主語省略文

　インターネット・チャット上の対話文は、会話文に匹敵するものが多いので、主語のない定動詞句文が見かけられます。次の文を見てください。

(33) Hello... ϕ_1 Seems silly, but ϕ_2 can't download/export to my hard drive.
「ハロー。ばかな話ですが、私のハードディスクにダウンロードしたり、エクスポートすることができません。」

ϕ_1 は it、ϕ_2 は I の省略です。
　同様、次のような文も見かけられます。

(34) Hello. ϕ_1 Know what I did? ϕ_2 Took my jack apart and went to Ace Hardware to replace the rubber o-ring and that piston.
「ハロー。私が何をしたか知ってますか。私のジャッキを分解して、ゴム製 O リングと例のピストンを取り替えるために、Ace Hardware に行きました。」

ϕ_2 は主語 I の省略です。ϕ_1 は you の省略とも、Do you の省略とも解釈できます。この文は、前者の解釈では、主語のない定動詞句文、後者の解釈では、不定動詞句文ということになります。
　(34) の ϕ_1 know what I did? に、ϕ_1 = you の解釈と、ϕ_1 = do you の解釈の2つがあることは、次の2組の例文からも明らかで

(35) a. That sounds ok to you, doesn't it?
　　b. Sounds ok to you?
　　c. Sounds ok to you, doesn't it?
(36) a. That sound ok to you? (Schmerling 1973)
　　b. Sound ok to you? (同上)
　　c. *Sound ok to you, doesn't it?

(35a) は、省略のない文です。主動詞 sounds は、主語の単数指示代名詞 that との数の一致を示しています。

　(35b, c) は、(35a) の主語が省略されてできた文です。(35c) が適格文であることに注目してください。文末の付加疑問文の doesn't it は、動詞 sounds の主語が、3人称単数の無生物であることを示しています。他方、(36a) の動詞 sound は、主語 that との数の一致を示していません。この文が適格文である、ということは、疑問文の文頭に現われる助動詞を省略することによって作られる不定動詞句文がある、ということを示しています。

(37) a. Does that sound ok to you?
　　b. φ That sound ok to you? (= 36a)

(37b) は、インフォーマルな会話文として適格です。(36c) が不適格なのは、付加疑問文は、不定動詞句文には使えないという制約に起因します。

　(35), (36) についての上記の考察から、(34) の Know what I did? には、(35b) のように、You know what I did? の主語 you を省略してできた定動詞句文解釈と、(36b) のように、Do you know what I did? の Do you を省略してできた不定動詞句文の2つの解釈があることがはっきりしたことと思います。

電子メール、特に携帯電話から送られるメールには、主文の定動詞句の主語の省略だけでなく、普通許されない埋め込み文の主語の省略が起きたり（本章のあとの日記文の埋め込み文主語の省略例 (46) を参照）、省略できないはずの特定物指示の目的語の省略が起きたりして、その程度に個人差が多く、また、文字数を少なくしようとする発信者の意図がどれぐらい強いかによって、同じ発信者のメールでも広範囲のバリエーションが起きるようです。標準的電子メール文というジャンルを定めることができないので、本書では取り扱わないことにします。

● 書き言葉に現われる主語のない定動詞句文

本章の最初に述べたように、主語のない定動詞句文は、インフォーマルな会話調の文にしか現われず、フォーマルな英語、たとえば、論文、新聞の一面記事、社説などで現われることは、皆無と言っても言い過ぎではないものです。ところが、このパターンの文が、小説の会話文でない部分にときどき登場します。次の文連続を見てください。

(38) （小説の主人公マッギー探偵が、マイアミからロサンゼルスに向かう飛行機の中で、ドリンクをチビチビやり、雲の合間から下を見下ろし、6マイル下のフロリダの西岸が遠ざかっていくのを見るなどという主語のある文が続いたあとの文）

Had drinks, ate a mighty tough little steak for lunch, got into LA before lunch their time, found my reserved Hertz waiting,

studied the simplified Hertz map and found my way through traffic to Coldwater Canyon Drive, found the proper turnoff on the second try, and stopped outside the pink wall, with the front of the little Fiesta two feet from the big iron gate.
(John D. MacDonald, *Free Fall in Crimson*, Fawcett Gold Medal, New York, 1961, p. 155)
「何杯もドリンクを飲んだ、ものすごく硬いミニステーキのランチを食べた、西海岸時間のランチタイムより前にロスに着いた、予約してあった Hertz のレンタカーに乗った、Hertz 略図で道順を調べた、交通地獄を何とか通り抜けて、Coldwater Canyon Drive に入った、一度はミスしたが、2度目に首尾よくハイウェイから出られた、そして、大きい鉄の門から2フィートのところにピンク色の壁を正面にして小型車 Fiesta を止めた。」

Had drinks で始まるパラグラフは、長い文ですが、主語がありません。このような主語のない定動詞句文の連続は、テンポの速いアクションの連続を表わします。それまでのゆったりとした状況描写から、いよいよこの行動派探偵が行動を開始し、目的地に到着するまでの矢つぎばやの出来事への推移が、この主語のない定動詞句文の連続という言語的手段で、臨場的に描写されています。映画で言えば、主人公の行動を次から次へと寸切りのシーンで追い続けるアクションシーンです。定動詞句の主語はもちろん、主人公を指す he です。

次の文は、就職指導員の求職者との仮想的な会話からの引用ですが、今までに考察してきた質疑応答パターンでの主語省略ではなくて、1人の人のモノローグ的な文章です。

(39) You see a swimmer in danger of drowning. φ Can't swim very well. φ Has no life jacket. φ Is about to go under the water for the third time. His arms are flailing the water desperately…
(*What Color Is Your Parachute*（2012年版））
「泳いでいる人が溺死の危険に瀕しているのを見るとします。あまりよく泳げません。救命具を身につけていません。まさに3度目水中に沈もうとしています。彼の両腕は必死に水をかいています。…」

(24), (25) で、3人称（代）名詞句を主語とした質問に対する答えで、am, is, have, has などの意味内容の薄い文法形式を残して、自明の主語代名詞を省略すると不適格文ができることを示しましたが、(39) の3番目と4番目の文は、has, is を残して主語を省略した文であるにもかかわらず、適格文です（【付記1】参照）。(38) で、小説の会話でない地の文で主語のない定動詞句主語省略が続くと、テンポの速いアクションの矢つぎばやの連続を臨場的に記述する効果を与えることを示しましたが、(39) の主語のない3つの定動詞句文の連続も同じような効果を持っていることに留意してください（【付記2】参照）。

日記文に、主語のない定動詞句文がよく現われるということが言われています。たとえば、(40b) のような文連続です。

(40) a. I got up at 6. I took a shower. I left for the office at 7.
　　 b. Got up at 6. Took a shower. Left for the office at 7.

会話文の場合と異なり、(40b) は、インフォーマルな日記文という印象を与えません。(40a) と (40b) の違いは、単に日記文のスタイルの違いということになります。もちろん、(40b) のスタ

イルの日記文で主語の I の省略が許されるのは、日記文の主目的の 1 つが、その日に書き手がしたことや、経験したことや、考えたことや、感じたことを書き留めることにあるので、主語のない定動詞句文の主語が 1 人称単数代名詞であることが、一番推測できやすいからです。

次に、主語 I が省略されていない日記文（実例）と、それを省略して作った日記文とを対照して示します。

(41) Dear Diary,

I don't know that I will be writing in you for a while. I have just had another dream. I must have fallen asleep while I was waiting for the sun … （Jennifer Lynch, *The Secret Diary of Laura Palmer*）

「親愛なる日記さん

当分の間、あなたに書き込まないかもしれません。たった今、また夢を見ました。お日さまが登るのを待っている間に眠ってしまったに違いありません。」

(42) Dear Diary,

ϕ Don't know that I will be writing in you for a while. ϕ Have just had another dream. ϕ Must have fallen asleep while I was waiting for the sun…

主語のない定動詞句文が続く (42) は、(41) とは異なったスタイルの日記文です。ここで注目すべきことがあります。2 つ目の文が適格文であるということです。(13Bb), (14Bb), (21Bb), (25B) で、意味内容の薄い文法形式 have, has を残して定動詞句の主語を省略することはできない、と述べましたが、(42) の

2つ目の文の適格性は、このような制約が日記文には適用しないことを示しています。(11Bb), (12Bb), (19Bb), (20Bb) で、質疑応答パターンの会話文で am や are を残して主語を省略することができない、と述べましたが、日記文では、それも許されます。

(43) Dear Diary,
　　 Am very sick today.

(43) は、完全に適格な文です。この事実は、定動詞句の主語の省略がいかに複雑な現象であるかを如実に物語るものです。英語が母語ではない私たちにとっては、ますます使うことを避けたほうが無難なパターンである、ということになります。

　イギリスの Helen Fielding による日記小説 *Bridget Jones's Diary* (1966) と *Bridget Jones: The Edge of Reason* (1999) は、映画化され、話題になりましたが、この日記小説のいくつかの例文が廣瀬・長谷川（2010: 56-68）で紹介されており、本節での議論にも関連があるので、以下に数例をあげてみましょう。

(44) a.　It's so quiet here. φ Am scared.
　　 b.　φ Am just so happy.
(45) a.　Maybe φ will try to sleep.
　　 b.　φ Am never, ever going to drink again for the rest of life.
　　 c.　φ Must make sure Daniel does not find out about any of this.

主語の I が、(44a, b) では、am を残して省略され、(45a-c) では、will や be going to, must を残して省略されています。
　次のような興味深い例もかなりありますので、あげておきま

(46) a.　φ Think φ would like to move to New York.
　　 b.　φ Do not even know where φ am meeting him.
　　 c.　φ Will call him when φ get home …

(46a) では、主節の主語 I だけでなく、補部節（that 節）の主語 I も省略されており、(46b) では、主節の主語とともに、wh 節の主語も省略されています。また (46c) では、主節と副詞節の主語 I がともに省略されています。Quirk et al.（1985: 924）が述べているように、このような従属節内の定動詞句の主語の省略は、普通の文章や会話では許されませんから、やはり日記は特殊なスタイルを持ち得ることになります。

● まとめ

本章では、主語のない定動詞句文を取り上げ、このような文がどのような場合に適格となるかを考察しました。本章で明らかになった点を以下にまとめておきましょう。

(A) 主語のない定動詞句文は、論文や新聞の社説など、フォーマルな英語では使われない。
(B) 主語のない定動詞句文は、インフォーマルな会話調の英語で、慣用表現や、主語が誰であるか文脈から分かる場合には用いられる。
(B') 会話調の英語でも、presume, assume のような堅い表現を含んだ文の主語は、いくら文脈から復元可能でも省略することができない。

（C）インフォーマルな会話調の英語でも、am, are, is, has のような意味内容の薄い文法形式を残して、主語を省略することはできない。
（D）定動詞句の主語の省略は、インターネット・チャット上の対話文でも見られるが、文字数を少なくしようとする発信者の意図により、大きなバリエーションがある。
（E）定動詞句の主語の省略は、小説の会話文でない部分でも、特に主人公の矢つぎばやのアクションシーンを記述する場合などに用いられる。
（F）日記文では、am や have のような意味内容の薄い文法形式を残して主語を省略したり、主節の主語だけでなく、that 節や副詞節などの主語も同時に省略する場合もある。

穴あけ規則

第4章

● 「穴あけ規則」と「右枝節点繰上げ規則」

　英語には、「穴あけ規則」(Gapping) と呼ばれる、動詞、あるいは動詞で始まる単語連続（以下、両者をまとめて「動詞表現」と呼びます）を省略する規則があります。この規則は、等位接続詞 and, or, but で結ばれた等位節で、1番目の節の動詞表現とそれに続く節の動詞表現が同じ場合に、後者の動詞表現を省略する規則です。次の (b) 文は、(a) 文にこの規則を適用してできた文です（(3) は Ross (1970) から）。

(1) a. John **likes** Mary, and Tom **likes** Jane.
　　b. John **likes** Mary, and Tom ϕ Jane.　(ϕ = likes)

(2) a. I **ate** fish, Bill **ate** pork, and Harry **ate** roast beef.
　　b. I **ate** fish, Bill ϕ pork, and Harry ϕ roast beef.　(ϕ = ate)

(3) a. I **want to try to begin to write** a novel, and
　　　 Mary **wants to try to begin to write** a play.
　　b. I **want to try to begin to write** a novel, and
　　　(i) Mary ϕ **to try to begin to write** a play.　(ϕ = wants)
　　　(ii) Mary ϕ **to begin to write** a play.　(ϕ = wants to try)
　　　(iii) Mary ϕ **to write** a play.　(ϕ = wants to try to begin)
　　　(iv) Mary ϕ a play.　(ϕ = wants to try to begin to write)

（1b）では、（1a）の2番目の節の動詞表現 likes が省略されています。（2b）では、（2a）の2番目と3番目の節の動詞表現 ate が省略されています。（3b）は、（3a）の2番目の節の動詞表現のいずれもが、穴あけ規則の適用によって省略できることを示しています。

穴あけ規則は会話にはあまり使われませんが、書き言葉にはよく使われます。特に、部品を組み立てるマニュアルなどに、この構文が頻繁に現われます。次の例を見てみましょう。

(4) a. **Insert** peg A into hole B, and ϕ peg C into hole D.
    （ϕ = insert）
    「止め棒（A）を穴（B）に、止め棒（C）を穴（D）に入れてください。」

  b. **Attach** the chain to the light fixture, and ϕ the light fixture to the ceiling.（実例）（ϕ = attach）
    「チェインを照明器具に、照明器具を天井に、取り付けてください。」

  c. STEP 1. **Remove** drawers from furniture and ϕ all hardware from the drawers.（実例）（ϕ = remove）
    「ステップ1：家具から引き出しを、そして引き出しから金具を取り除いてください。」

（1b）–（3b），（4a-c）が示すように、穴あけ規則は、等位節内の最初の動詞表現と、後続する動詞表現が同じ場合に、後者の動詞表現を省略する規則です。ここで、日本語には穴あけ規則に対応する規則がないことを述べておきましょう。次の例を見てください。

(5) a. 太郎がステーキを食べた、(そして) 次郎がとんかつを食べた。
    b. *太郎がステーキを食べた、(そして) 次郎がとんかつを φ 。

(5a) に対応する (5b) は、「尻切れトンボ」の感じがする、不自然で容認できない日本語です (【付記】参照)。どうして日本語に穴あけ規則に対応する規則がないか、というと、日本語の文は、動詞で終わらなければならないからです。もし日本語に穴あけ規則が存在して、その規則が (5a) に適用されたとしたら、動詞で終わらない非文法的な文ができてしまいます。

しかし、日本語に穴あけ規則がないからと言って、日本語に動詞を省く規則がないわけではありません。次の (b) 文を見てみましょう。

(6) a. 太郎がステーキを食べた、(そして) 次郎がとんかつを食べた。(= 5a)
    b. 太郎がステーキを φ 、(そして) 次郎がとんかつを食べた。

(7) a. 花子が太郎にバレンタインプレゼントを送った、(そして) 夏子が健太にバレンタインプレゼントを送った。
    b. 花子が太郎に φ 、(そして) 夏子が健太に、バレンタインプレゼントを送った。

(6a) の最初の節の「食べた」という動詞表現が、(6b) では姿を消しています。同様、(7a) の最初の節の「バレンタインプレゼントを送った」という動詞表現が、(7b) では姿を消しています。

しかし、(6b), (7b) は、日本語で穴あけ規則が英語とは逆方向に適用して生じた文ではありません。(6b), (7b) は、代数の ax + bx = (a + b)x に類似したプロセスで、等位接続された2つ以上の節の右端の共通因子を等位節から取り出すことによって作られた文です。(6a) の等位節の右端の共通因子は「食べた」ですから、この動詞が、2つの節から取り出されて、残りの等位節と対をなす要素となっています。したがって、(6b) は次の構造を持っていることになります。

(8) ［太郎がステーキを、(そして) 次郎がとんかつを］食べた。

ここで、(8) の「次郎がとんかつを食べた」が、一息で発音されるのではなく、「食べた」の前にポーズを置いて、「次郎がとんかつを、食べた」のように発音されることに注意してください。つまり、この「次郎がとんかつを食べた」は、単一の構成要素を形成しておらず、2つの節の共通因子である「食べた」が等位節から右端に取り出されています。この等位節の右端の共通因子を取り出す規則は、「右枝節点繰上げ」(Right-Node Raising) 規則と呼ばれています。

右枝節点繰上げ規則は、実は、英語にも存在する規則です。次の (b) 文を見てください。

(9) a. Yesterday Tom **came to see me**, and today Bill **came to see me**.
b. [Yesterday Tom and today Bill] **came to see me**.

(9a) の2つの等位節の右端共通因子は、came to see me です。この単語連続がそれぞれの節から抽出されて、残りの等位節と対を

なす位置に繰り上げられて、(9b) が派生します。日本語の場合、等位節の右端共通因子は、動詞、形容詞、形容動詞ですから、これらの要素しか問題の繰上げ規則の適用を受けられませんが、英語の場合、節が動詞で終わらなければならない、という規則はありませんから、動詞以外のいろいろな共通因子が、繰上げ規則の適用を受けることができます。この点を次に例示します。

(10) a.　Mary likes **Bill and Tom**, but Jane dislikes **Bill and Tom**.
　　 b.　[Mary likes, but Jane dislikes], **Bill and Tom**.

(11) a.　Mary contributed $100 **to the Salvation Army**, and Jane contributed $200 **to the Salvation Army**.
　　 b.　[Mary contributed $100, and Jane contributed $200], **to the Salvation Army**.

(10b) では、Bill and Tom という名詞句が、右枝節点繰上げ規則の適用を受けています。また、(11b) では、to the Salvation Army（救世軍に）という前置詞句が、右枝節点繰上げ規則の適用を受けています。

以上、穴あけ規則と右枝節点繰上げ規則という、動詞表現の省略に関係する規則を示しました。英語は、この2つの規則を両方とも使いますが、日本語は、「節は、動詞的要素で終わらなければならない」という制約があるため、穴あけ規則は使えず、右枝節点繰上げ規則しか使えないことを観察しました。以下では、英語の穴あけ規則が適用された様々な文がどのように解釈されるかを観察し、この規則がどのような特性を持っているかを明らかにしたいと思います。

● 穴あけ規則は、「主語＋動詞表現」も省略できる

今まで穴あけ規則は、動詞、あるいは動詞で始まる単語連続にのみ適用される規則であるかのように話を進めてきましたが、次の (b) 文が適格であることから分かるように、穴あけ規則は、「主語＋動詞表現」にも適用されます。

(12) a. **Mary gave** Sally a nickel, and **Mary gave** Harvey a dime.
　　 b. **Mary gave** Sally a nickel, and ϕ Harvey a dime.
　　　 (ϕ = Mary gave)

(12b) で省略されているのは、主語 Mary と動詞 gave の単語連続です。したがって、穴あけ規則は、1番目の等位節の動詞を含む単語連続と、2番目の等位節（および、それに続く等位節）の単語連続が同じ場合に、後者の単語連続を省略する規則ということになります。

● 穴あけ規則は、2つの穴をあけることができる

今までの例文は、穴あけ規則が穴を1つだけ作り出すものばかりでしたが、穴あけ規則は、2つの穴を作り出すこともできます。次の (b) 文を見てください。

(13) a. **Max persuaded** Ted **to study** math, and **Max persuaded** Ira **to study** biology.
　　 b. **Max persuaded** Ted **to study** math, and ϕ_1 Ira ϕ_2 biology.
　　　 (ϕ_1 = Max persuaded; ϕ_2 = to study)

(13b) の最初の穴は、Max persuaded を省略してできた穴、2番目の穴は to study を省略してできた穴です。(13b) が適格であることから、穴あけ規則は、穴を2つあけることもできることが分かります。

● 穴あけ規則適用で残された構成要素は、強調を受けなければならない

穴あけ規則は、対照された要素に適用されます。たとえば、次の文を見てください。

(14) a. John likes Mary, and Tom ϕ Jane. (= 1b)
　　 b. John gave $10 to Mary, and Tom ϕ $20 to Jane.

(14a) では、主語の John と Tom が対照され、目的語の Mary と Jane が対照されています。つまり、誰が誰を好きかというと、ジョンはメアリーを、トムはジェーンを好きだというわけです。同様に (14b) では、主語の John と Tom、目的語の $10 と $20、前置詞句の to Mary と to Jane が対照されています。つまり、ジョンは10ドルをメアリーに、一方、トムは20ドルをジェーンにやったという点が比較対照されています。そして、対照される要素は、強調を伴って発音されなければなりません。

次に、(15)を見てください。$John_i$ と he_i に付いているインデックス i は、John と he が指示対象を同じくする（つまり、同一人物を指す）ことを示します。(15a) は適格文ですが、(15b) は不適格文です。なぜなら、(15a) の2番目の節の主語は代名詞の he で、1番目の主語の John と同一人物を指しているわけですから、John – he は対照関係にある主語ではありません。そのため、

この he は強調を伴って発音されることがないからです。

(15) a.　John$_i$ likes Mary, and he$_i$ likes Jane.
　　 b. *John$_i$ likes Mary, and he$_i$ ϕ Jane.

同様、(16b) も不適格文です。なぜなら、2番目の節の目的語 her は、1番目の節の目的語の Mary と指示対象を同じくする代名詞で、対照を表わす目的語ではなく、強調を伴って発音されることができないからです。

(16) a.　John likes Mary$_i$, and Tom likes her$_i$.
　　 b. *John likes Mary$_i$, and Tom ϕ her$_i$.

次に、Speaker A と Speaker B の次の対話を見てください。

(17) Speaker A: **Who** did Max give **how much money**?
　　 Speaker B: Max gave **Sally $10** and ϕ **Harry $20**.
　　　　　　　(ϕ =Max gave)

(17A) で、who と how much money が太字で示されているのは、疑問詞は特に顕著な強調を伴って発音されるからです。(17B) で Sally, $10, Harry, $20 が太字で示されているのは、質問に対する回答で、質問の疑問詞に対応する要素が、特に顕著な強調を伴って発音されるからです。(17B) は Speaker A の質問に対する答えとして適格です。この回答で省略箇所 ϕ (=Max gave) が、2番目の節の左端に現われていることに注目してください。

同様、Speaker A と Speaker B の次の会話を見てください。

(18) Speaker A: **Who** gave Sally **how much money**?
　　　Speaker B: **Max** gave Sally **$10** and **Harry** φ **$20.**
　　　　　　　（φ = gave Sally）

Speaker B の回答では、Speaker A の質問の焦点である、who に対応する対照要素 Max と Harry が自動的に強調され、how much money に対応する $10 と $20 が、特に顕著な強調を伴って発音されます。(18B) は、Speaker A の質問に対する回答として、完全に適格な文です。この回答で、省略箇所を表わす φ（= gave Sally）が、2番目の節の左端でない場所に現われていることに注目してください。

　ここで、(17B) と (18B) を強調がどこに置かれるか、省略されている要素が何であるかを明示しないで示すと、どちらも同じ次の (19) となります。

(19) Max gave Sally $10 and Harry $20.

したがって (19) は、書かれた文としては、2つの解釈、すなわち、(17B)（以下に再録）のように省略箇所が2番目の節の左端にある解釈と、(18B)（以下に再録）のように省略箇所が2番目の節の左端にない解釈を持っていることになります。

(17) Speaker B: Max gave **Sally $10** and φ **Harry $20**.
　　　　　　　（φ =Max gave）
(18) Speaker B: **Max** gave Sally **$10** and **Harry** φ **$20.**
　　　　　　　（φ = gave Sally）

ところが、(19) を発音せずにネイティヴスピーカーに見せると、

ほとんどの人が、この文には、2番目の節の左端に省略箇所がある(17B)の解釈しかない、と答えます(この点は Hankamer (1973) 等を参照)。これはいったいどうしてでしょうか。この謎を以下で解くことにします。

● 情報の新旧、語順、強調

次の対話を見てください。

(20) Speaker A: **Who** did John hit?
　　 Speaker B: a. <u>He hit</u>　　**<u>Bill</u>**.
　　　　　　　　　　旧情報　　新情報
　　　　　　　 b. **<u>Bill</u>**.
　　　　　　　　　 新情報

Speaker A にとって、Speaker B の答えで重要なのは、Bill だけです。Speaker B の答えでこの部分が雑音か何かで、Speaker A が聞き取れなければ、Speaker A は、ジョンが叩いたのが誰であったか復元するすべがありません。他方、He hit の部分が聞こえなくても、それは Speaker A の質問の中に含まれている情報を表わしているのですから、Speaker A にとって何の支障もありません。(20Bb) に示したように、Speaker B が He hit を省略して、単に Bill と返答することができるのは、この理由によります。

(20A) の質問に対する回答の (20Ba) で、Bill は「新情報」、He hit は「旧情報」を表わすと呼ぶことにします。肯定文が与えられたとき、その肯定文の中で、その肯定文を導き出した実在の質問((20Ba) の場合、(20A))、あるいは仮想の質問の中に含まれている疑問詞表現(what, who, how much money, when, where な

ど）に対応する表現（(20B) の場合、Bill）が新情報を表わし、残りの要素は旧情報を表わします。そして、文の中で新情報を表わす要素は、強調を伴って発音され、旧情報を表わす要素は、強調されないで発音されます。

(21) のような、主語も目的語も代名詞でない「主語＋動詞＋目的語」パターンの文を、何らの文脈も与えないで英語のネイティヴスピーカーに発音してもらうと、中・低・高の強調を伴って発音されます。

(21) 　　　　　　John　hit　Bill
　　　強調　　中　　低　　高

ここで、(21) の Bill が一番強度の強調を伴って発音されると言っても、その強調の度合いは、(20B) の場合のような顕著な強調ではなく、ごくわずかに強調されている、という程度の強調です。実際、話し手が言語学者、音声学者でない限り、話し手さえ Bill が強調されていることに気が付かないくらいの強調です。しかし、わずかでも (21) で Bill が一番高い強調を受けるという事実は、上に述べた強調と新情報との関連性から考えると、文脈なしで与えられた英語の文は、文末の要素が一番新しい情報を表わすものと解釈されると考えられます。

顕著な強調を伴わないで発音される英語の文では、文末の要素が新情報を表わすという仮説は、次のような事実からも証明されます。次の対話は、どの単語にも顕著な強調を置かないで発音されたものと考えてください。

(22) Speaker A: Did you go to the museum with Mary?
　　　Speaker B: a.　Yes, I went ϕ with Mary.

        b. *Yes, I went to the museum ϕ.

文末の前置詞句 with Mary を残して、その前の前置詞句 to the museum を省略した (22Ba) は、(22A) の質問に対する答えとして適格です。それは、Speaker A が Speaker B に対して、「美術館に行ったのはメアリーと一緒だったのか」と聞いているのに対して、Speaker B が、「美術館に」を省いて、「はい、メアリーと一緒に行ったのです」と答えているからです。他方、文末の前置詞句 with Mary を省略して、その前の前置詞句 to the museum を残した (22Bb) は、(22A) の質問に対する答えとして不適格です。それは、(22A) が、Speaker A が Speaker B に対して、「美術館に行ったのはメアリーと一緒だったのか否か」を聞いているのに、Speaker B が、「はい、美術館に行ったのです」とだけ答えて、質問の意図に回答していないからです。

次の会話も同じ現象を示すものです。

(23) Speaker A: Did you go with Mary to the museum?
　　 Speaker B:　a.　 Yes, I went ϕ to the museum.
　　　　　　　　b. *Yes, I went with Mary ϕ.

(23A) では、(22A) の前置詞句 to the museum と with Mary の語順が逆になっていますが、文末の to the museum が疑問の焦点なので、その答えとして、with Mary を省略して、「はい、美術館に行ったのです」と答えている (23Ba) は適格となり、逆に、to the museum を省略して、「はい、メアリーと一緒に行ったのです」と答えている (23Bb) は不適格となります。

不適格な (22Bb), (23Bb) が Speaker A の質問に対する適格な答えとなるためには、文末にない前置詞句が、次の (24), (25)

のように顕著な強勢を伴って発音されなければなりません（顕著な強勢を太字で示します）。

(24) Speaker A: Did you go **to the museum** with Mary?
　　 Speaker B: a. *Yes, I went ϕ with Mary.
　　　　　　　　b. 　Yes, I went to the museum ϕ.
(25) Speaker A: Did you go **with Mary** to the museum?
　　 Speaker B: a. *Yes, I went ϕ to the museum.
　　　　　　　　b. 　Yes, I went with Mary ϕ.

(23A) で、to the museum が顕著な強勢を伴わないで発音されても質問の焦点と解釈されるのは、それが文末の構成要素であるからです。他方、文末の要素でない (24A) の to the museum は、顕著な強勢を伴って発音されて初めて、質問の焦点としての解釈を受けられます。

● 穴あけ規則適用の機能的制約（1）
― 情報の新旧に基づいた制約

　主語と目的語が代名詞でない「主語＋動詞＋目的語」パターンの文が、何らの文脈もなく与えられ、文中のどの単語にも顕著な強調を置かないで発音されるとき、「中・低・高」の強調パターンを受け、目的語が新情報を表わすものと解釈される、ということは、「主語 ＋ 動詞 ＋ 間接目的語 ＋ 直接目的語」パターンの文についても観察できます。文脈なしで (19)（以下に再録）が与えられたとき、ネイティヴスピーカーは、この文の前半に次の強調パターンを与えて発音します。

(26)　　　　　Max　gave　Sally　$10 and Harry $20.　(= 19)
　　　強調　　中　　低　　高　　高

実際には、Sally と $10 を比べると、$10 のほうが強調度が高いのですが、議論が複雑になるのを避けるため、ここではこの区別をしないことにします。穴あけ規則適用後に残された2つ以上の構成要素は、前半節のそれに対応する構成要素と共に、対照的新情報を表わします。(26) の前半の文で新情報を表わす要素は、Sally と $10 ですから、残された2つの構成要素 Harry と $20 は、これらの要素と対照された解釈を受けます。(26) が (27) に示すように、穴あけ規則の適用によって、Max gave が省略されてできた文と解釈され、gave Sally が省略されてできた文とは解釈されないのは、この理由によります ((27b, c) の _____ は、(27a) の最初の節の繰り返しを表わし、(27b) の √ は、それに続く文(解釈)が適格であることを表わします。以下同様)。

(27) a.　Max gave Sally $10 and Harry $20.
　　 b.　_____ and √ ϕ Harry $20.　($\phi$ = Max gave)
　　 c.　_____ and Harry *ϕ $20.　($\phi$ = gave Sally)

しかし、重ねて述べますが、(27a) に、省略箇所が2番目の節の左端にある解釈 (27b) は存在するが、左端にない解釈 (27c) は存在しない、という事実は、構文法的事実ではありません。なぜなら、(27a) の Max と Harry が顕著な強調を伴って発音されれば、(18) (以下に再録) に示したように、(b, c) 解釈の適格性が逆転するからです。

(28) Speaker A: **Who** gave Sally **how much money**?　(= 18A)

Speaker B: a. Max gave Sally $10 and Harry $20.
　　　　　　b. _____ and *ϕ Harry $20.（$\phi$ = Max gave）
　　　　　　c. _____ and √Harry ϕ $20.（$\phi$ = gave Sally）
　　　　　　　　　　　　　　　　　　　　　　　　（= 18B）

ですから、穴あけ規則の適用によって生じた文の適格性を決める要因は、省略箇所が2番目の節の左端にあるかないかではなくて、2番目の節の左端の構成要素（多くの場合、その節の主語）が新情報を表わすか否かによる、ということになります。

　穴あけ規則の上記の特徴を下記の制約としてまとめておきます。

(29) 穴あけ規則適用の機能的制約 (1)
　── 情報の新旧に基づいた制約

穴あけ規則の適用によって派生した文は、残された構成要素が、それぞれ前半の節の中の同一の文法カテゴリー構成要素の中で新情報を表わすものと組み合わされる。

顕著な強調と新情報：文の中で顕著な強調を伴って発音される要素は、新情報を表わす。

語順と新情報：文がどの単語にも顕著な強調を伴わないで発音されるとき、文末に近い構成要素が新情報を表わす。

　次の文は、顕著な強調をどこにも置かないで発音されたとき、上記の制約に基づいて、すべて省略箇所が2番目の節の左端にある解釈を受けます。

(30) a. Jack calls Joe Mike and Sam Harry.

b. _____ and √ φ (= Jack calls) Sam Harry.

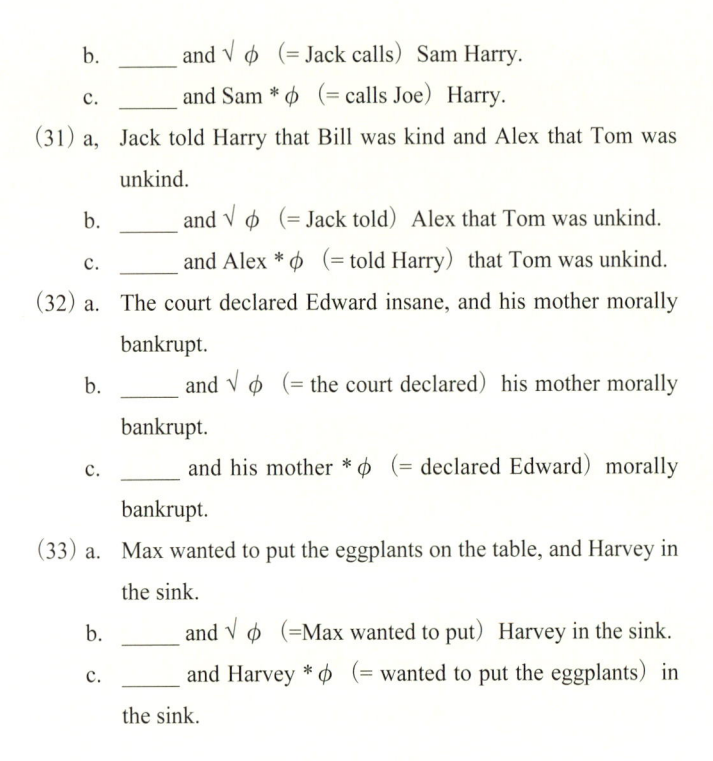

c. _____ and Sam * φ (= calls Joe) Harry.

(31) a. Jack told Harry that Bill was kind and Alex that Tom was unkind.

b. _____ and √ φ (= Jack told) Alex that Tom was unkind.

c. _____ and Alex * φ (= told Harry) that Tom was unkind.

(32) a. The court declared Edward insane, and his mother morally bankrupt.

b. _____ and √ φ (= the court declared) his mother morally bankrupt.

c. _____ and his mother * φ (= declared Edward) morally bankrupt.

(33) a. Max wanted to put the eggplants on the table, and Harvey in the sink.

b. _____ and √ φ (=Max wanted to put) Harvey in the sink.

c. _____ and Harvey * φ (= wanted to put the eggplants) in the sink.

上の例文のうちで、特に (33a) の解釈に注目してください。買い物から帰ってきた人は、買ってきた野菜を台所の流しに置くことはよくありますが、子供を流しの上に置くことはありません。それにもかかわらず、ナスを流しに置く解釈 (33c) は、(33a) にはなく、この文の可能な解釈は、(33b) の Harvey を流しに置く解釈だけだ、と判断されます (Hankamer (1973) 参照)。

穴あけ規則適用の機能的制約（2）
― 残された2つの構成要素間の構文法的関係の復元容易性

次に、(34a) と (35a) の解釈を考えてみましょう。

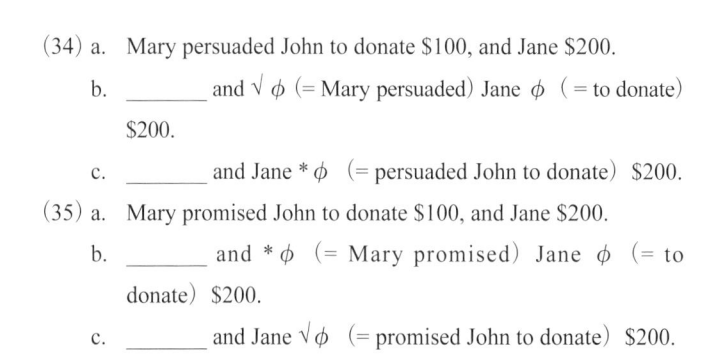

(34) a. Mary persuaded John to donate $100, and Jane $200.
  b. _____ and √ φ (= Mary persuaded) Jane φ (= to donate) $200.
  c. _____ and Jane * φ (= persuaded John to donate) $200.
(35) a. Mary promised John to donate $100, and Jane $200.
  b. _____ and * φ (= Mary promised) Jane φ (= to donate) $200.
  c. _____ and Jane √ φ (= promised John to donate) $200.

(34a) には、省略箇所が2番目の節の左端にある (34b) の解釈はありますが、省略箇所が左端にない (34c) の解釈はありません。逆に、(35a) には、省略箇所が左端にない (35c) の解釈はありますが、省略箇所が左端にある (35b) の解釈はありません。この違いはなぜ起こるのでしょうか。

穴あけ規則の適用によって派生した文を聞き手が理解するためには、聞き手は、残された2つの構成要素がどういう構文法的関係にあるか特定しなければなりません。(34b) の解釈の場合、聞き手は、前半の節の to donate を記憶からよみがえらせるだけで、Jane と $200 との構文法的関係を特定できます。Mary が Jane に 200ドル寄付するよう説得して、Jane は 200ドル寄付することになったのですから、Jane was to donate $200 が成立します。つまり、to donate という1つの動詞表現の復元で、Jane と $200 の間の構

文法的関係が同定できるわけです。

　他方、同じ文の (34c) の解釈の場合は、Jane が、John に 200 ドル寄付するよう説得したので、200 ドルの寄付をするのは John であり、Jane と $200 との間には直接的構文関係はありません。したがって、この 2 つの構成要素間の構文法的関係を特定するには、persuaded John と to donate という 2 つの動詞句的表現を記憶からよみがえらせなければなりません。前者の解釈のほうが、メモリーに対する負担がはるかに小さいため、前者の解釈が優先されることになります。

　(35) の場合は、2 つの構成要素間の構文法的関係を特定するのが、(34) の場合とは逆になります。省略箇所が左端にない (35c) の解釈では、Jane が John に 200 ドル寄付することを約束したため、穴あけ規則の適用によって残された 2 つの構成要素 Jane と $200 の間には、Jane was to donate $200 という主語述語関係が成立します。この関係は、to donate という単一の動詞表現を記憶からよみがえらせるだけで決定できます。

　他方、省略箇所が左端にある解釈 (35b) では、Mary が Jane に 200 ドル寄付することを約束したので、Jane が 200 ドルを寄付するわけではありませんから、2 つの構成要素 Jane と $200 との間には、直接的構文関係がありません。2 つの構成要素の間の関係を特定するためには、Mary promised と to donate という 2 つの動詞表現を記憶からよみがえらせなければなりません。この解釈が聞き手のメモリーに与える負担は、(35c) の場合よりはるかに大きいので、(35a) には、(35b) の解釈はないということになります。

　上記の観察から、穴あけ規則について、次の仮説を立てることができます。

(36) 穴あけ規則適用の機能的制約（2）— 残された2つの構成要素間の構文法的関係の復元容易性

穴あけ規則の適用によって残された2つの構成要素間の構文法的関係は、省略された動詞表現を2つ以上記憶からよみがえらせなければならない解釈を受けることができない。

穴あけ規則適用の機能的制約（1）と機能的制約（2）が（34a）と（35a）の解釈をいかに説明するかを、点数制を用いて示してみます。機能的制約（1）について、省略箇所が左端にある解釈にプラス点を1個、左端にない解釈にマイナス点を1個、与えることにします。機能的制約（2）について、2つの構成要素間の構文法的関係が1つの動詞表現を復元することで定められる解釈にプラス点を2個、2つの動詞表現を復元しなければならない解釈にマイナス点を2個、与えることにします。総合点がプラスになれば、その解釈が存在し、マイナスになればその解釈が存在しない、という仕組みです。

(37)

解釈	機能的制約(1) 省略箇所が左端にあるか否か	機能的制約(2) 二要素間の構文法的関係が単一動詞表現の復元で定められるか否か	総合点	予測適格性

(34a) Mary persuaded John to donate $100, and Jane $200.

(34b)	＋	＋＋	＋＋＋	適格
*(34c)	－	－－	－－－	不適格

(35a) Mary promised John to donate $100, and Jane $200.

*(35b)	＋	－－	－	不適格
(35c)	－	＋＋	＋	適格

(34a) が (34b) のように解釈されると、機能的制約の (1) と (2) がそれぞれ満たされ、総合点がプラス3個で適格、一方、(34c) のように解釈されると、2つの機能的制約のどちらも満たされず、総合点がマイナス3個で不適格、と正しく予測されます。次に、(35a) が (35b) のように解釈されると、機能的制約の (1) は満たされますが、(2) が満たされないので、総合点がマイナス1個で不適格、一方、(35c) のように解釈されると、機能的制約の (1) が満たされないものの、(2) が満たされるので、総合点がプラス1個で適格と、ここでも正しく予測されます。ただここで、(35c) の解釈での (35a) が、機能的制約 (1) に違反しているにもかかわらず適格なのは、機能的制約 (2) が機能的制約 (1) よりもはるかに強い制約だからです。

次の (38a), (39a) も、(35a) と同じ特徴を示します。

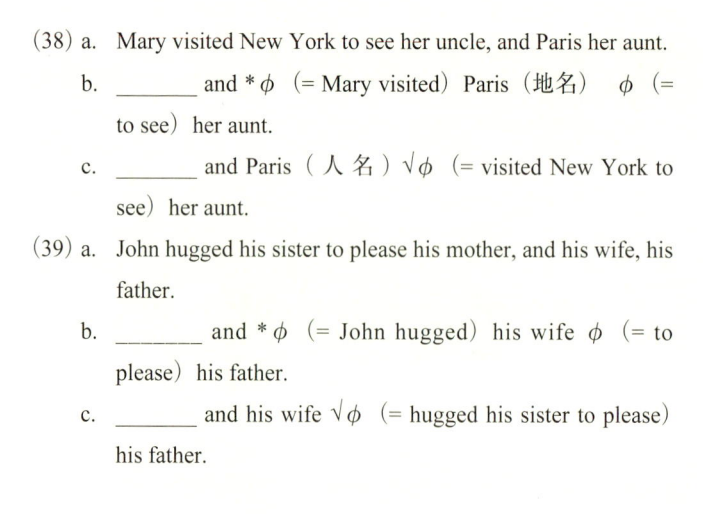

(38) a. Mary visited New York to see her uncle, and Paris her aunt.
   b. _____ and *ϕ (= Mary visited) Paris (地名) ϕ (= to see) her aunt.
   c. _____ and Paris (人名) √ϕ (= visited New York to see) her aunt.

(39) a. John hugged his sister to please his mother, and his wife, his father.
   b. _____ and *ϕ (= John hugged) his wife ϕ (= to please) his father.
   c. _____ and his wife √ϕ (= hugged his sister to please) his father.

(38a) の第2文 (=and Paris her aunt) の解釈は、一見、(38b) のように、「メアリーが叔母に会うためにパリに行った」だと思わ

れるかも知れませんが、そうではなくて、(38c) のように、「パリス (という人) が叔母に会うためにニューヨークに行った」であることに注意してください。(39a) に関しても同様のことが言えますが、これらの文が (35a) と同じ特徴を示すのは、(38a), (39a) の前半の節の不定動詞句 (つまり、to see her uncle と to please his mother) の意味上の主語が、その節の動詞の目的語 (つまり、New York と his sister) ではなくて、主語 (つまり、Mary と John) であることによります。

次に、穴あけ規則の機能的制約 (1) と (2) が、次の (40a), (41a) の解釈を説明できるかどうか、考えてみましょう。

(40) a. Mary persuaded John to donate $100, and Jane to donate $200.
   b. _____ and √ φ (= Mary persuaded) Jane to donate $200.
   c. _____ and Jane √φ (= persuaded John) to donate $200.

(41) a. Mary promised John to donate $100, and Jane to donate $200.
   b. _____ and √ φ (= Mary promised) Jane to donate $200.
   c. _____ and Jane √φ (= promised John) to donate $200.

(40a) は、(40b) と (40c) の2通りに解釈され、(41a) も (41b) と (41c) の2通りに解釈されることに注意してください。聞き手は (40a) で、Mary persuaded という1つの動詞表現を記憶からよみがえらせれば、(40a) に (40b) の解釈を与えることができます。この解釈では、Jane が動詞 persuade の目的語であり、to donate $200 が persuade がとる不定動詞句である、ということで、穴あけ規則の適用で残された2つの構成要素の間の関係が特定できます。(あるいは Jane と to donate $200 は、(for) Jane to donate

$200 で、主語述語の関係にあるから、動詞表現を記憶からよみがえらせる必要がなく決定できる、とも言えます。）他方、(40a) に (40c) の解釈を得るためには、persuaded John という 1 つの動詞表現を記憶からよみがえらせればことが足ります。したがって、どちらの解釈も、重いメモリー負担を必要としないで得られることになります。同様、(41c) の解釈で、残された 2 つの構成要素 Jane と to donate $200 の間の構文法的関係を特定するためには、聞き手は、単一の動詞表現 promised John を記憶からよみがえらせればことが足ります。(あるいは、この 2 つの構成要素は、(for) Jane to donate $200 という主語述語関係にあるから、動詞表現を 1 つも記憶からよみがえらせなくても決定できる、と言うこともできます。) (41b) の解釈での (41a) の場合も、Mary promised という単一の動詞表現を記憶からよみがえらせれば、Jane と to donate $200 の間の構文法的関係が決定できます。どちらの解釈でも、制約 (36) の機能的制約 (2) の違反がありませんので、この文は両者の解釈を許すという、正しい予測になります。(40a), (41a) の解釈 (b) と解釈 (c) の予測を以下に示します。

(42)	解釈	機能的制約 (1) 省略箇所が左端にあるか否か	機能的制約 (2) 二要素間の構文法的関係が単一動詞表現の復元で定められるか否か	総合点	予測適格性
(40a)	Mary persuaded John to donate $100, and Jane to donate $200.				
	(40b)	+	++	+++	適格
	(40c)	−	++	+	適格
(41a)	Mary promised John to donate $100, and Jane to donate $200.				
	(41b)	+	++	+++	適格
	(41c)	−	++	+	適格

(40c), (41c) の解釈での (40a), (41a) が、機能的制約 (1) に違反しているにもかかわらず適格なのは、機能的制約 (2) が機能的制約 (1) よりもはるかに強い制約だからです。

● 結び

本章では、英語の穴あけ規則について考察しました。特に、文脈がない状況で、穴あけ規則が適用された次の (27a) が与えられたとき、2番目の節 Harry $20 は、(27b) のように解釈され、(27c) のようには解釈されませんが、それがなぜかを明らかにしました。

(27) a. Max gave Sally $10 and Harry $20.
　　 b. _____ and $\sqrt{}\phi$　Harry $20. ($\phi$ = Max gave)
　　 c. _____ and Harry *ϕ　$20. ($\phi$ = gave Sally)

さらに、穴あけ規則が適用された (34a) は、(34b) のように解釈され、(34c) のようには解釈されないのに対し、逆に (35a) は、(35b) のようには解釈されず、(35c) のように解釈されますが、この違いが何に起因しているのかも明らかにしました。

(34) a. Mary persuaded John to donate $100, and Jane $200.
　　 b. _____ and $\sqrt{}\phi$ (= Mary persuaded) Jane ϕ (= to donate) $200.
　　 c. _____ and Jane *ϕ (= persuaded John to donate) $200.
(35) a. Mary promised John to donate $100, and Jane $200.
　　 b. _____ and *ϕ (= Mary promised) Jane ϕ (= to donate) $200.

c. ＿＿＿＿＿ and Jane √φ（= promised John to donate）$200.

　そして、穴あけ規則が適用された（40a）や（41a）は、それぞれ（40b, c），（41b, c）のどちらにでも解釈されますが、なぜそのような２通りの解釈が可能なのかについても明らかにしました。

(40) a. Mary persuaded John to donate $100, and Jane to donate $200.
　　 b. ＿＿＿＿＿ and √φ（= Mary persuaded）Jane to donate $200.
　　 c. ＿＿＿＿＿ and Jane √φ（= persuaded John）to donate $200.
(41) a. Mary promised John to donate $100, and Jane to donate $200.
　　 b. ＿＿＿＿＿ and √φ（= Mary promised）Jane to donate $200.
　　 c. ＿＿＿＿＿ and Jane √φ（= promised John）to donate $200.

　本章の考察を通して、「穴あけ」という現象が、動詞を含む単語連続が１番目の等位節と２番目（以降）の等位節で同じでさえあればいつでも起こるものではなく、情報の新旧、語順、強調、対照、残された２つの構成要素間の構文法的関係など、さまざまな機能的要因に基づいて、理路整然と規則的に行なわれていることがお分かりいただけたことと思います。

動詞句省略規則

第5章

● 「動詞句」という構成要素

次の Speaker A と Speaker B の会話を考えてみましょう。

(1) Speaker A:（病気の相手に）Can you eat?
　　Speaker B: a. Yes, I can eat.
　　　　　　　 b. Yes, I can ϕ. (ϕ = eat)

英語には、助動詞のあとの、文脈から復元可能な不定動詞表現（不定動詞、あるいは不定動詞とそれに続く単語連続）を省略する規則があります。(1Bb) は、この規則を (1Ba) の不定動詞表現 eat に適用することによって派生した文です。

次に、Speaker A と Speaker B の次の会話を考えてみましょう。

(2) Speaker A: Can you eat beef?
　　Speaker B: a.　Yes, I can eat beef.
　　　　　　　 b.　Yes, I can ϕ. (ϕ = eat beef)
　　　　　　　 c. *Yes, I can ϕ beef. (ϕ = eat)

適格文 (2Bb) は、この規則を (2Ba) の eat beef に適用することによって派生した文です。他方、(2Bc) は、(1Bb) でこの規則の適用を受け得ることを示した eat に適用して派生した文ですが、この文は、不適格文です。これはどうしてでしょうか。

おそらく読者の皆さんすべてが、「そんなこと、あたりまえじゃないか。Eat beef の eat は、動詞であって、動詞<u>句</u>ではないじゃないか」とお答えになることと思います。その通りです。この不定動詞表現省略規則は、どんな不定動詞表現にでも適用できるわけではなく、「動詞句」という単一構成要素を形成する不定動詞表現にしか適用できない規則です。この規則を「動詞句省略規則」と呼ぶことにしましょう。

(3)　動詞句省略規則：助動詞のあとの復元可能な不定動詞句
　　　　を省略する規則（【付記1】参照）

(2Ba) の eat は動詞ですが、動詞句ではありません。Eat beef 全体で、初めて動詞句になります。(2Bb) は、この動詞句に動詞句省略規則を適用して派生した文ですから、適格文です。他方、(2Bc) は、動詞句を形成しない eat に動詞句省略規則を適用して派生した文ですから、不適格文です。他方、(1Ba) の eat は、動詞であり、また、それ自体で動詞句を形成します。(1Bb) が適格なのは、動詞句省略規則が、動詞 eat に適用して派生した文ではなくて、動詞句 eat に適用して派生した文だからです。

　(3) で、動詞句省略は、助動詞のあとの動詞句に適用される規則だと書きましたが、実はこの規則は、不定詞の to のあとの動詞句にも適用されます。

(4)　a.　John wanted to eat beef, and Mary wanted to eat beef, too.
　　 b.　John wanted to eat beef, and Mary wanted to ϕ, too.
　　　　（ϕ = eat beef）
(5)　a.　John's math teacher told him to work harder, and his science teacher told him to work harder, also.

b. John's math teacher told him to work harder, and his science teacher told him to ϕ, also. (ϕ = work harder)

助動詞のあとの動詞句も不定動詞句ですし、to のあとの動詞句も不定動詞句です。

　それでは、動詞句省略規則は、助動詞のあととか、to のあとという条件を指定しないで、単に不定動詞句に適用される規則と規定することができるのではないか、という疑問が起きます。実際、次の (b) 文が適格であることは、この規定が正しいかのような印象を与えます。

(6)　a. John wanted to eat beef, so I let him eat beef.
　　 b. John wanted to eat beef, so I let him.

Let は、目的語のあとに、to のつかない不定動詞句をとることができる動詞です。(6b) の適格性は、あたかも、この to のつかない不定動詞句が動詞句省略規則の適用を受け得ることを示しているように見えます。しかし、次の Speaker B 文の不適格性は、助動詞や to に先行されていない不定動詞句には、動詞句省略規則が適用できないことを示します。

(7)　Speaker A:　Have you ever heard him play the piano?
　　 Speaker B:　*Yes, I heard him ϕ. (ϕ = play the piano)

(8)　Speaker A:　When the earthquake happened, did you feel the earth move under you?
　　　　　　　　「地震が起きた時、足の下で大地が動くのを感じたか。」

Speaker B: *Yes, I felt the earth ϕ. (ϕ = move)

(7A) の hear と（8A）の feel は、目的語と to のつかない不定動詞句をとる動詞です。ところが、この不定動詞句に動詞句省略規則を適用することによって派生する（7B）,（8B）は完全に不適格な文です。したがって、動詞句省略規則は、助動詞か to のあとに続かない不定動詞句には適用できない規則という結論になります。（6b）が適格なのは、この文の let が、「誰かを意のままに振る舞わせる」という意味の単純他動詞だからです。

　言語学者の中には、不定詞の to も助動詞である、と主張する人がありますが、本章では、単に、(3) を次のように規定することにします。

(3)　動詞句省略規則：助動詞あるいは不定詞の to のあとの復元可能な不定動詞句を省略する規則

● 動詞句の内部構造

　前節の説明から、（1Ba）,（2Ba）の can eat, can eat beef は次の構造を持っていることが分かります。

(9)　a.　can eat:　　[$_{VP}$ [$_{Aux}$ can] [$_{VP}$ eat]]
　　　b.　can eat beef:　[$_{VP}$ [$_{Aux}$ can] [$_{VP}$ [$_V$ eat] [$_{NP}$ beef]]]
　　　　VP: 動詞句　　V: 動詞　　Aux: 助動詞　　NP: 名詞句

念のため、（9a, b）と同じ構造を樹形図を用いて次に示します。

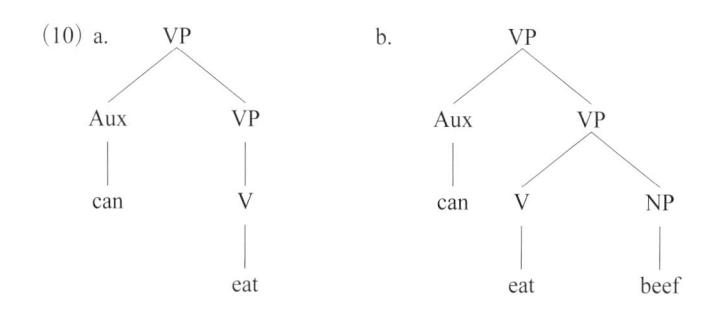

(10) a.
```
       VP
      /  \
    Aux   VP
     |    |
    can   V
          |
         eat
```
b.
```
         VP
        /  \
      Aux   VP
       |   /  \
      can  V   NP
           |   |
          eat beef
```

ここで、(10a) の eat は、動詞 (V) であり、かつ、動詞句 (VP) でもあるのに対し、(10b) の eat は、動詞 (V) であって、動詞句 (VP) ではないことに注意してください。(10b) の eat は、名詞句 (NP) の beef と一緒になって初めて、動詞句 (VP) となります。

● I eat の eat の前には、助動詞 DO が実在する

ここで、次の (11b) は、どういう規則の適用で派生するのか、考えてみましょう。

(11) a.　Mary eats beef, and I eat beef, too.
　　 b.　Mary eats beef, and I do, too.

(11b) の2番目の節で、助動詞 do が姿を現わし、eat beef が姿を消している事実は、一見助動詞がないように思われる (11a) にも、助動詞 does, do が実在すると考えることによって、自動的に説明できます。この想定によると、(11a) は、次の構造を持っていることになります。

(12) Mary [VP [Aux does] [VP eat beef]], and I [VP [Aux do] [VP eat beef]], too.

(12)の2番目の節の動詞句 eat beef は、助動詞のあとの不定動詞句で、1番目の節の eat beef から復元可能ですから、動詞句省略規則の適用を受けることができます。この規則が適用されれば、(11b)の I do が派生します。(12)の1番目の節の does eat beef の does eat は、綴り規則によって、eats と綴られてアウトプットされます（つまり、does eat は eats となる）。(12)の2番目の節の do eat beef の eat beef に動詞句省略規則が適用されなければ、綴り規則によって、do eat が eat と綴られてアウトプットされます。助動詞の場所に did があれば、did eat beef の did eat は、綴り規則によって、ate と綴られてアウトプットされます。

現在形、過去形の動詞表現の前に、実は、助動詞 does, do, did が実在している、という上記の仮説により、次のようなさまざまな構文法的事象が自動的に説明できます。第1に、肯定性が強調される陳述では、do, does, did が綴り規則の適用によって姿を消すことなく、そのまま残されます。

(13) a. I DO think that you shouldn't do it.
   b. He DOES work hard.
   c. He DID tell the truth.

第2に、主文の疑問文で、do, does, did が文頭に移動する事象が、will や can などの他の助動詞と並行的に説明できます。

(14) a. He can eat beef.
   b. Can he eat beef?

(15) a. He eats beef.
　　 b. Does he eat beef?

　第3に、否定文で、do, does, did に not が後続する事象が、will や can などの他の助動詞と並行的に説明できます。

(16) a. He can eat beef.
　　 b. He cannot（can't）eat beef.
(17) a. He eats beef.
　　 b. He does not（doesn't）eat beef.

　第4に、do I?, don't I? などの付加疑問文現象が、他の助動詞を含む付加疑問文現象と並行的に説明できます。

(18) a. He can eat beef, can't he?
　　 b. He eats beef, doesn't he?

● 動詞句の左端に埋め込まれた動詞句

　さて、話を動詞句省略規則に戻して、次の（19Bb）と（19Bc）の2つの動詞句省略文を考えてみましょう。

(19) Speaker A: Can you eat beef on Fridays?
　　 Speaker B: a. No, I can't eat beef on Fridays.
　　　　　　　　 b. No, I can't ϕ .（ϕ = eat beef on Fridays）
　　　　　　　　 c. No, I can't ϕ on Fridays.（ϕ = eat beef）

（19B）では、（19Bb）のように、先行文脈（19A）から復元可能

な eat beef on Fridays を全部省略することもできますし、(19Bc) のように、副詞句 on Fridays を残して、eat beef だけを省略することもできます。したがって、eat beef on Fridays 全体も動詞句ですし、その左端の eat beef も動詞句です。そのため、eat beef on Fridays は、次のような構造を持っていると仮定できます。

(20) eat beef on Fridays の構造: [$_{VP}$ [$_{VP}$ eat beef] [$_{AdvP}$ on Fridays]]
　　 AdvP: 副詞句

次に Speaker A と Speaker B の次の会話を考えてみましょう。

(21) Speaker A: Can you eat beef rare?
　　 Speaker B: a.　Yes, I can eat beef rare.
　　　　　　　　 b.　Yes, I can ϕ. (ϕ = eat beef rare)
　　　　　　　　 c.　*Yes, I can ϕ rare. (ϕ = eat beef)

(21Bb) の適格性と (21Bc) の不適格性は、eat beef rare という動詞句表現の eat beef は、動詞句を形成しないことを示しています。この表現は、次の consider him bright と同じパターンの動詞句表現で、rare は、先行する目的語の状態を表わす形容詞句である、という結論になります。

(22) Speaker A: Do you consider John bright?
　　 Speaker B: a.　Yes, I consider him bright.
　　　　　　　　 b.　Yes, I do ϕ. (ϕ = consider him bright)
　　　　　　　　 c.　*Yes, I do ϕ bright (ϕ = consider him)

(19), (21), (22) で、動詞句の左端の動詞表現が、それ自体で

動詞句であるか、あるいは、動詞句を構成しない単語連続であるかに関して、動詞句省略規則が明らかな回答を与えてくれることを示しました。英語の代表的な動詞構文について、動詞句省略規則を適用した次の例を見てみましょう((23b), (24b) の _____ は、(23a), (24a) の第 1 文の繰り返しを表わします)。

(23) a. John puts money in savings accounts, and Mary puts money in mutual fund accounts.
「ジョンはお金を普通預金口座に入れ、メアリーはお金を投資信託口座に入れる。」
   b. _____, and *Mary does ϕ in mutual fund accounts.
(ϕ = put money)
   c. "put money in mutual fund accounts" の構造:
[$_{VP}$ put money [$_{AdvP}$ in mutual fund accounts]]
put money ≠ VP

(24) a. John makes money in stock trading, and Mary makes money in real estate.
「ジョンは株でお金をもうけ、メアリーは不動産でお金をもうける。」
   b. _____, and Mary does ϕ in real estate.
(ϕ = make money)
   c. "make money in real estate" の構造:
[$_{VP}$ [$_{VP}$ make money] [$_{AdvP}$ in real estate]]
make money = VP

(23b) の不適格性は、put money in mutual fund accounts の put money が、動詞句を形成しないことを示します。他方、(24b) の適格性は、make money in real estate の make money が、動詞句を

形成することを示します。

同様、次の (25b) と (26b) を比較してください。

(25) a. John persuaded Mary to donate $100, and Bill persuaded her to donate $200.
   b. _____, and *Bill did φ to donate $200.
   c. "persuade her to donate $200" の構造：
      [VP persuade her [VP to donate $200]]
      persuade her ≠ VP

(26) a. Bill entered college to study biology, and Mary entered college to study math.
   b. _____, and Mary did φ to study math.
   c. "enter college to study math" の構造：
      [VP [VP enter college] [VP to study math]]
      enter college = VP

(25b) の不適格性は、persuade her to donate $200 の persuade her が、動詞句ではないことを示します。他方、(26b) の適格性は、enter college to study math の enter college が、動詞句であることを示します。

● 動詞句省略の謎 ― 副詞句の修飾ターゲット

(27a) には、(27b) と (27c) の2つの解釈があります。

(27) a. John wanted to go to Paris in September.
   b. in September が go to Paris を修飾する解釈：
      「ジョンは、パリに<u>9月に行く</u>ことを望んでいた。」

c. in September が wanted を修飾する解釈：
　　　「ジョンは、パリに行くことを<u>9月には望んでいた。</u>」

同様、(28a) も (27a) と同じように2つの解釈を持っています。

　(28) a. When did John want to go to Paris?
　　b. When が go to Paris を修飾する解釈：
　　　「ジョンは、パリに<u>いつ行く</u>ことを望んでいたか。」
　　c. When が want を修飾する解釈：
　　　「ジョンは、パリに行くことを<u>いつ望んでいたか</u>。」

次に、Speaker A と Speaker B の次の会話を考えてみましょう。

　(29) Speaker A: When did John want to go to Paris?
　　　Speaker B: He wanted to go to Paris in September.

(29A) の質問には、(28a) で述べたように、2つの解釈があります。同時に、(29B) の回答にも、(27a) で述べたように、2つの解釈があります。したがって、(29) の Speaker A が、when が go to Paris を修飾する解釈で質問をし、Speaker B がこの質問を、when が want を修飾するものと誤解して (29B) の回答をした場合には、ミスコミュニケーションが生じます。また、その逆の場合も同様です。(29) の会話では、Speaker B が Speaker A の質問にどちらの解釈を与えたのか、まったく分かりません。

　それでは、次の会話はどうでしょうか。

　(30) Speaker A: When did John want to go to Paris?
　　　Speaker B: He did ϕ in September.（ϕ = want to go to Paris）

(30B) は、did のあとの want to go to Paris に動詞句省略規則を適用することによって派生した文ですが、この文には、in September が wanted を修飾する解釈しかありません。つまり、Speaker B は Speaker A の質問の when が、want を修飾する副詞句と解釈して、(30B) の回答をしたことになります。いったいこれはどうしてでしょうか。

それでは、本章でこれまで積み上げてきた動詞句の内部構造を仮定して、この謎を解くことにします。我々は (20) で、副詞句を含んだ動詞句の構造を次のように仮定しました。

(20) eat beef on Fridays の構造：[$_{VP}$ [$_{VP}$ eat beef] [$_{AdvP}$ on Fridays]]

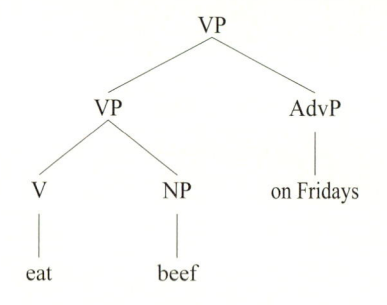

```
              VP
             /  \
           VP    AdvP
          /  \    |
         V    NP  on Fridays
         |    |
        eat  beef
```

ここで、動詞句を修飾する副詞句（つまり、on Fridays）は、修飾ターゲットの動詞句（つまり、eat beef）と対になって、動詞句を形成します。

それでは、(27a) の John wanted to go to Paris in September は、(27b) の in September が go to Paris を修飾する解釈と、(27c) の in September が wanted を修飾する解釈とで、どういう異なる構造を持っているのでしょうか。まず最初に、in September が want を修飾する解釈を考えてみましょう。

(31) in September が want を修飾する解釈

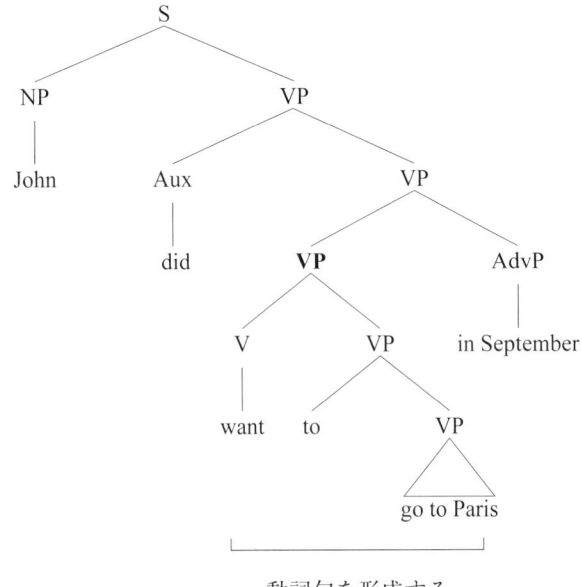

```
                    S
          ┌─────────┴─────────┐
         NP                   VP
          │         ┌─────────┴─────────┐
        John       Aux                  VP
                    │         ┌─────────┴─────────┐
                   did       VP                  AdvP
                       ┌─────┴─────┐              │
                       V           VP         in September
                       │      ┌────┴────┐
                     want    to        VP
                                        △
                                   go to Paris
```
　　　　　└──────────────────┘
　　　　　　　動詞句を形成する

上の構造で、in September という副詞句が、その修飾のターゲットの want を主動詞とする VP と対になって、動詞句を形成していることに注目してください。上の構造で、want to go to Paris は、助動詞 did に続く不定動詞句を形成していますから、動詞句省略規則の適用を受けることができ、この解釈での（30B）が派生します。

　次に、in September が go to Paris を修飾する解釈での（27b）の構造を（32）に示します。

(32) in September が go to Paris を修飾する解釈

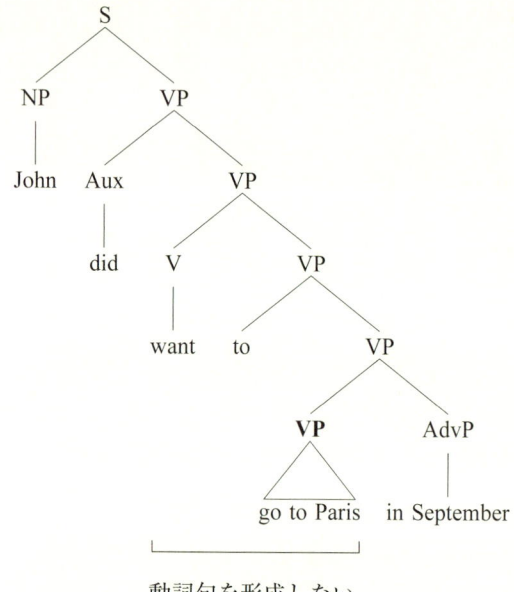

```
                S
              /   \
            NP     VP
            |    /    \
          John Aux     VP
               |     /    \
              did   V      VP
                    |    /    \
                  want  to    VP
                             /    \
                           VP     AdvP
                           △       |
                      go to Paris  in September
                      └──────────────┘
                       動詞句を形成しない
```

上の構造で、in September がその修飾ターゲットの動詞句 go to Paris と対になって、句構造の中の一番下位の VP を形成していることに注目してください。この句構造には、want to go to Paris のみを統合する節点がありません。ということは、この単語連続は、動詞句でないばかりでなく、単一の構成要素さえ形成していないことになります。したがって、この want to go to Paris に動詞句省略規則を適用することはできません。ということは、(30B) に、この句構造からの派生はないということになります。これで、どうして (30B) の省略文に、in September が go to Paris を修飾する解釈がないのか、という謎が解けました (【付記2】参照)。

● 結び

本章では、英語の動詞句省略規則について考察しました。この規則は、助動詞あるいは不定詞の to のあとの復元可能な不定動詞句を省略する規則ですから、たとえば次のように、動詞句の一部である動詞のみに適用されたり、to に先行されない不定動詞句に適用されることはないことを観察しました。

(2) Speaker A: Can you eat beef?
　　 Speaker B: a.　Yes, I can eat beef.
　　　　　　　　 b.　Yes, I can ϕ. (ϕ = eat beef = 動詞句)
　　　　　　　　 c. *Yes, I can ϕ beef. (ϕ = eat = 動詞)

(7) Speaker A:　Have you ever heard him play the piano?
　　 Speaker B:　*Yes, I heard him ϕ. (ϕ = play the piano = to に先行されない不定動詞句)

さらに、動詞句省略規則を用いることで、たとえば、次の put money は動詞句を形成しないのに対し、make money は動詞句を形成しているという違いが明らかになりました。

(23) a.　John puts money in savings accounts, and Mary puts money in mutual fund accounts.
　　　　「ジョンはお金を普通預金口座に入れ、メアリーはお金を投資信託口座に入れる。」
　　 b.　＿＿＿＿, and *Mary does ϕ in mutual fund accounts.
　　　　(ϕ = put money)

c. "put money in mutual fund accounts" の構造：

     [$_{VP}$ put money [$_{AdvP}$ in mutual fund accounts]]

     put money ≠ VP

(24) a. John makes money in stock trading, and Mary makes money in real estate.

   「ジョンは株でお金をもうけ、メアリーは不動産でお金をもうける。」

  b. _____, and Mary does φ in real estate.

   (φ = make money)

  c. "make money in real estate" の構造：

     [$_{VP}$ [$_{VP}$ make money] [$_{AdvP}$ in real estate]]

     make money = VP

　さらに、動詞句省略規則が適用された次の会話では、in September が go to Paris を修飾する解釈はなく、want を修飾する解釈しかないことを観察しました。

(30) Speaker A: When did John want to go to Paris?

　　 Speaker B: He did φ in September. (φ = want to go to Paris)

そして、この理由は、in September が want を修飾する構造では、省略された want to go to Paris が単一の動詞句を成しているので、この動詞句が動詞句省略規則の適用を受けて省略され、(30B) が派生するのに対し、in September が go to Paris を修飾する構造では、want to go to Paris が単一の動詞句を成していないため、動詞句省略規則の適用を受けられないためであることを明らかにしました。

　本章の考察を通して、動詞句省略規則が、動詞と動詞句の違い、

動詞句の内部構造、助動詞 do, does, did の実在、副詞句の修飾ターゲットなど、文の意味と構造に大きく依存していることがお分かりいただけたことと思います。

コラム②

Leash and Pick up after Your Pet

　米国マサチューセッツ州のケンブリッジには、Charles River という名前の河が流れています。この河は、ボストンマラソンの出発点として知られるホプキントンという町を源とし、ハーバード大学とマサチューセッツ工科大学の前を通って、ボストン湾に流れこむ全長８０キロの河です。ボストンマラソンの走行路はほぼ直線で、４２キロの長さですから、チャールズ河がいかにくねくねと流れているかが分かります。この河がハーバード大学のフットボールスタジアムのそばを通るところに、大きな路面駐車場があり、そこから、河畔の散歩道（兼バイク道）に入ることができます。その散歩道の入り口に、次の立て札が立っています。

　(1) Leash and pick up after your pet.

この散歩道は、著者の一人がこの上もなく愛している散歩道で、そこにジョギングに行くたびに、その立て札を眺めて、面白い表現だ、と感心しています。読者の皆さんは、この英語の構文がどのようになっており、どういう意味かお分かりになっ

たでしょうか。

　まず、最初の単語 leash は、「(犬などに)リード(引き綱)をつける、(犬などを)リードでつなぐ」という意味の他動詞で、自動詞用法はありません。それなら、立て札の文句の leash の目的語はどこにいったのでしょうか。この問題の追跡は後回しにすることとして、pick up after your pet が何を意味するのか考えてみましょう。Pick up には、次の文に見られるように、「散らかしたものを拾いあげる、後片付けをする」という意味があります。

(2) a. If you **pick up** after your children when they're young, I guarantee you'll be doing so when they're 17. (実例)
「もし子供が小さいときにあなたが子供の散らかしたものの後片付けをしようものなら、子供が１７歳になっても、同じことをし続けることになることを保障します。」

b. I don't have to **pick up** after my husband. He knows how to **pick up** after himself. And if I have to **pick up** a random sock or two... that's fine; (実例)
「私は、主人の散らかしたものを片付ける必要がありません。主人は、自分が散らかしたものをどうやって片付けるか知っています。そして、もしたまに靴下の１つや２つ私が片付けなければならないとしても、それは構いません。」

そうすると、立て札の文句の pick up after your pet は、「あ

なたのペットの散らかしたものを拾い上げる」、つまり「あなたのペットの糞(フン)を拾う」という意味になります。

ここで、問題の立て札の文句 Leash and Pick up after Your Pet の構文と意味を考えてみましょう。意味は、もうすでに自明で、この立て札は、「あなたのペットにリードをつけて、糞を片付けて（始末して）ください」を意味します。構文は、次のようになっています。

(3) [Leash and pick up after] your pet.

第4章の「穴あけ規則」で、英語や日本語に「右枝節点繰上げ」という規則があることを述べました。この規則は、代数の ax + bx = (a + b)x に類似したプロセスで、等位接続された2つ以上の節の右端の共通因子を等位節から取り出す規則です。

(4) 右枝節点繰上げ規則
　　日本語
　　　　［太郎がステーキを食べた、（そして）次郎がとんかつを食べた］
　　　　=> ［太郎がステーキを、（そして）次郎がとんかつを］食べた
　　英語
　　　　[Yesterday Tom **came to see me** and today Bill **came to see me**]
　　　　=> [Yesterday Tom and today Bill] **came to see me**

この規則を(5)に適用すると、(3)の構造が派生するわけです。

(5) [Leash **your pet** and pick up after **your pet**]
=> [Leash and pick up after] **your pet** (=3)

したがって、立て札の文句は、leash のあとの目的語が省略されてできた文ではありません。(他動詞 leash の目的語が省略できる場合がありますが、それについては、あとで述べます。) Leash は文末の目的語 your pet を pick up after と共有しているわけです。

Pick up after <human, animal> と類似した表現に、clean up after <human, animal> があります。この表現の用例を (6) に示します。

(6) a. Do you have to **clean up after** your horse? (実例)
「馬の糞(フン)の片付けをしなければならないか。」
b. Please **clean up after** your children and remind them to **clean up after** themselves. (実例)
「子供の散らかしたものを片付けて、子供に、自分が散らかしたものを片付けるよう言ってください。」

Pick up after <human, animal> も clean up after <human, animal> も、何を片付けたりきれいにするのか明示されていません。つまり、これらの表現では、本来他動詞である clean up「清掃する」と pick up「拾い上げる」の目的語が明示されていません。Pick up の目的語を明示した次のような文は、適格文ですが、きわめて稀にしか見かけられません。もちろん、その理由は、after your dog があれば、何を pick up するかは想像可能だからです。

(7) How to Stop Your Dog Smearing His Head in Poop: **Pick up the poop after your dog**, making sure to tear a little grass by the roots so as to remove all traces of the poop.（実例）
「あなたの犬が糞で頭を汚すことを防ぐ方法：（草の上にした）糞を完全に取り去るように、草を少量、間違いなく根元から引きちぎって、あなたの犬の糞を拾い上げなさい。」

Pick up after <human, animal> と clean up after <human, animal> は、make up for（埋め合わせる）や put up with（がまんする）と同じく「他動詞＋不変化詞＋前置詞」パターンの熟語です。熟語というのは、それを構成する個々の単語の意味から全体の意味を類推することが困難な単語連続を意味し、make up for や put up with はまさに典型的な熟語ですが、pick up after と clean up after はその意味を類推することが、make up for, put up with ほどは困難でないイディオムと特徴づけることができます。実際、『ジーニアス英和辞典』（第4版）を見てみると、他動詞 pick up（拾い上げる）に加え、pick up after を熟語としてあげており、「《主に米略式》〈人の〉後始末［後片付け］をする」と書かれています。

　日本語では、他動詞の目的語が何を指すか文脈から明らかな場合、自由に省略できますが、英語ではそれができません。

(8) a. 太郎はコンビニでサンドイッチを買って、夕食に φ 食べた。
　　b1. Taro bought sandwiches at a convenience store, and ate them for dinner.

b2. *Taro bought sandwiches at a convenient store, and ate φ for dinner.

他方、他動詞の意味上の目的語が総称の名詞句である場合、日本語でも英語でも、目的語を明示しないことが可能です。

(9) a. どうやってナイフとフォークで φ 食べるか、今練習中です。
   b. I'm now practicing how to eat φ with a knife and fork.

(9a, b) の動詞「食べる、eat」の意味上の目的語は、「食べ物は何でも」という意味で、総称の目的語と言われています。もし (9b) の eat を自動詞と呼ぶとすれば、自動詞 eat の意味上の目的語は (8b) のような、前の文脈で話題になっているような特定物であってはならないことになります。

ところが、商品の組み立てマニュアル、使用マニュアル、クックブックのレシピーなどでは、特定名詞句を指す目的語でも省略可能だと言われています。たとえば、次の例を見てください。

(10) a. 電子レンジの使用説明書から
   Defrosting – Bacon: 3 to 6 minutes
   Place unopened package in oven. Let φ (= it) stand 5 minutes after defrosting.
   「解凍 – ベーコン：3分から6分
   包みを封を切らないでオーブンに入れます。解凍のあと5分間（それを）そのままにしておきます。」

b. クックブックから

Wash the tomatoes and cut φ (= them) into six slices.

「トマトを洗って、(それを)6つにスライスします。」

c. 同上

Combine egg yolks, sugar, lime rind and juice in the top part of a double boiler. Cook φ over hot water, stirring φ, until slightly thickened. Cool φ.

「卵の黄身、砂糖、すり下ろしたライムの皮とジュースを混ぜて二重なべの上部のなべに入れ、(それを) 熱湯の上で、かき混ぜながら、ややどろっとなるまで料理し、(それを) 冷やします。」

これらの例では、φで示した特定名詞句が省略されているのに加え、たとえば (10a) の Place unopened package in oven では、冠詞が省略されていますし、Let φ stand 5 minutes では、5 minutes が通例は for 5 minutes となり、前置詞の for が入るところですが、これも省略されています。狭いスペースに情報を盛り込むためには、このような省略が必要で、あとで述べるように、立て札の文句にも、狭いスペースに簡潔なメッセージを書き込む必要から、特定名詞句の省略がよくなされます。

それでは、(1) の Leash and Pick up after Your Pet は、Leash の後の Your Pet が省略されてできた文句という構文解釈もあるのでしょうか。

(11) [Leash φ] and [Pick up after Your Pet].

その答えはノーです。なぜなら、等位節の中の指示対象を同じくする名詞句の短縮形（明示された代名詞やゼロフォーム代名詞）は、最初の名詞句を残して、そのあとに現われる名詞句に適用され、その逆の適用はできない、という制約があるからです。

(12) a. John likes **Mary**$_i$, and Bill likes **Mary**$_i$, too.
   b. John likes **Mary**$_i$, and Bill likes **her**$_i$, too.
   c. *John likes **her**$_i$, and Bill likes **Mary**$_i$, too.

(12b) では、Mary の短縮形 her が Mary の後に現われていますが、(12c) では、her が Mary の前に現われています。(12b) は適格文ですが、(12c) は不適格文です。同様、第5章で考察した動詞句省略規則は、等位節の中に含まれた同じ形の動詞句に適用されるとき、最初の節の動詞句を残し、2番目の節の動詞句に適用され、その逆の適用はできません。

(13) a. John will **become a teacher**, and Mary will **become a teacher**, too.
   a. John will **become a teacher**, and Mary will ϕ, too.
   b. *John will ϕ, and Mary will **become a teacher**.

問題の立て札の文句の基本構造が、次の (14a) だとすれば、your pet の短縮化は、2番目の名詞句に適用されなければなりません。そのため、(14b) は適格ですが、短縮化が1番目の名詞句に適用している (14c, d) は不適格です。ここで、ペットを指す代名詞を it とするか、him とするか her とするか、

それとも him/her とするかの問題を避けるために、複数形の your pets を使います。

(14) a. Leash **your pets**$_i$ and pick up after **your pets**$_i$.
　　b. Leash **your pets**$_i$ and pick up after **them**$_i$.
　　c. *Leash **them**$_i$ and pick up after **your pets**$_i$.
　　d. *Leash ϕ_i and pick up after **your pets**$_i$.

したがって、(1)には、(14d)に対応するゼロフォーム代名詞、あるいは、目的語省略の派生はなく、(5)に示した「右枝節点繰上げ規則」の適用による派生しかない、ということになります。

　犬の糞を拾わなければならない、という町や市の条例をかかげた立て札は、アメリカ全土の至る所に見かけられるものと思われますが、インターネットで調べると、次のような極端に短縮された立て札が実存することが分かりました。

(15) Leash and Pick Up.

この立て札は、問題の条例があることを知らない人を一瞬とまどわせる表現です。なぜなら、最初に頭に浮かぶ解釈は、構文法的には、leash と pick up の明示されていない目的語が共に your pet という解釈、つまり「犬にリードをつけて、腕にかかえなさい」という解釈だからです。もちろん、意図された構文は(16a)か(16b)です。この2つの構文に、意味の違いはありません。省略されていると思われる要素を括弧に入れて示します。

(16) a. Leash [your pet] and pick up [the poop].
  b. Leash and pick up [after your pet].
  「リードをつけ、拾いなさい。」

(16a) では、leash の目的語の your pet と pick up の目的語の the poop が省略されています。Leash の目的語が犬か、まれに猫であることは容易に推察できますが、pick up すべきものは、ごみ、タバコのすいがらなど多数あります。そのため、この立て札の文句の pick up の省略されている目的語が糞であるという理解に到達するには、leash の省略されている目的語が犬であるという判断が成立して、「犬を拾いあげよ」などという立て札があるはずがないから、犬の糞のことに違いないという推理過程を必要とします。それがこの立て札を読んだ人の一瞬のとまどいの理由だと思われます。(16b) では、(1) の Leash and pick up after your pet の after your pet が省略されています。この省略パターンは、pick up after を熟語とするのに不可欠な after も省いてしまったものですから、超簡潔表現を必要とする立て札文、モットー文などの類いにしか許されないと思われるきわめて稀な省略パターンです。

　チャールズ河の河畔の散歩道は、広々とした草地の中を通り、眺めていて退屈しない河の景色を楽しめる理想的な散歩道なのですが、1つだけ、大きな欠点があります。それは、河畔にあるため、何十羽という Canada/Canadian geese（カナダガン ─ カモの4倍か5倍の大きさの水鳥）が横行していて、散歩道のあちこちに、そして、道の両側の草地に、糞を落とすことです。以前は、ガンと言えば、月夜に V 字型の隊列を作って飛ぶ優雅な鳥というイメージを持っていましたが、今は、目の仇きの鳥です。この思いは、河や池や湖のそばを散歩したり

ジョギングする人、河や池や湖のそばに住んでいる人の多くの思いのようで、グーグルを見ると、次のようなカナダガンの糞についての苦情が随所に見られます。

(17) a. I dislike when supposed dog owners don't pick up after their own dog.... would be nice if there were a way to pick up after the Canadian geese.
「犬の飼い主であるはずの人が犬の糞の後片付けをしないのは耐えられない…もし、カナダガンの糞の後片付けをする方法があればよいのだが。」

b. The Canadian geese around here need to wear Depends. They're worse than dog walkers who don't pick up after themselves and their dogs.
「このあたりのカナダガンは、Depend（大人用オムツ）をはく必要がある。自分たちが散らかしたもの、自分たちの犬が落とした糞を拾わないドッグウォーカーがいるが、カナダガンは、そういう人たちより悪い。」

c. I still have a love/hate relationship with Canadian geese. They are messy houseguests and have yet to pick up after themselves.
「私は、まだ、カナダガンと愛憎関係にある。彼らは、家を訪れると、敷地を汚す、そして、まだ自分で汚したものの後片付けをしたことがない。」

もうこのへんで、糞拾いの話とはふんぎりをつけることにします。

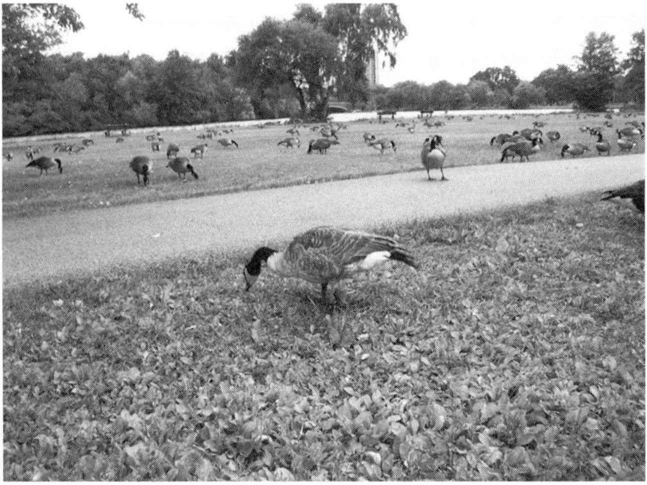

従属接続詞の反復

第6章

● はじめに

次の日本語文とそれに対応する2つの英文を見てみましょう。記号 √ は、それに続く文が、何らの不自然さもない適格文であることを示します。

(1) 私たちは、それをすることができるし、それをするべきだから、そうしています。
   a. √We're doing it **because** we can and we should.
   b. √We're doing it **because** we can and **because** we should.

(1a) では、we can and we should という2つの文の前に、理由を表わす接続詞 because が1つだけ現われています。他方、(1b) では、because が反復され、それぞれの文の前に because が現われています。(1a) も (1b) も、ともに完全に適格な文です。同様、次の日本語文とそれに対応する2つの英文を見てみましょう。

(2) 彼らは、これらの見出しが、情報に富んでいて効果的なので、使っているのです。
   a. √They are using these headlines **because** they are informative and they are effective.
   b. √They are using these headlines **because** they are informative and **because** they are effective.

(2a) は、because が反復されていない文、(2b) は、because が反復されている文ですが、これら2つの文も、ともに完全に適格な文です。

それでは、(1a), (2a) のような because が反復されていない文と、(1b), (2b) のような because が反復されている文は、まったく同じ意味を表わすのでしょうか。そして、because の反復のない文と反復のある文は、常に両方とも適格文なのでしょうか。本章では、because を始め、when や after, before、さらに if のような従属接続詞や、the fact that ... のような構文に現われる that の反復、非反復の条件を考察したいと思います。

● Because 節

(1) や (2) では、because の反復がない文もある文もともに適格でしたが、次に、(3) の日本語に対応する2つの英文を比べてみましょう。

(3) 彼女は、自分が月並みであなたが特別なので、嫉妬しています。
  a. √She's jealous **because** she's ordinary and you're special.
  b. ??/*She's jealous **because** she's ordinary and **because** you're special.

(3a) は because の反復がない文、(3b) は because が反復されている文です。(3a) はまったく自然な適格文ですが、(3b) はきわめて不自然なぎこちない文です。これはどうしてでしょうか。

(3a) が適格で、(3b) が不適格ということは、because の反復がない文とある文は、まったく同じ意味を表わすのではなく、両

者には何らかの違いがあることを示しています。いったい、どんな違いがあるのでしょうか。

　読者のみなさんの中には、次のように考えられる人がおられるかもしれません。すなわち、because が 1 つだけの反復がない文では、そのあとに現われる 2 つの文が一緒になって<u>1 つの理由を表わす</u>のに対し、because が 2 つ用いられる反復がある文では、そのあとに現われる 2 つの文が、それぞれ<u>別々の異なる 2 つの理由を表わす</u>、という考えです。この考えを次のように示してみましょう。

(4) Because の反復がない文は、その直後の 2 つの文が一緒になって、<u>単一の理由を表わす</u>。一方、because の反復がある文は、その直後の 2 つの文が、<u>2 つの異なる理由を表わす</u>。

この仮説は素晴らしいと思います。この仮説によると、(3a) は、「彼女は、[自分が月並みであなたが特別である] という理由で嫉妬している」という解釈になり、この解釈は意味をなします。一方 (3b) は、「彼女は、[自分が月並みである] という理由で嫉妬し、なおかつ、[あなたが特別である] という理由で嫉妬している」という解釈になります。しかし、この解釈は意味をなしません。なぜなら、誰か他の人（に関すること）について嫉妬することはあっても、自分（に関すること）についてだけで嫉妬することはないからです。つまり、「自分が月並みである」というのは、嫉妬する単独の理由にはなり得ませんから、(3b) は不適格となります。したがって、(4) のように考えることで、(3a, b) の適格性の違いを説明することができます。そして、たとえば (1a, b) がともに適格なのは、「話し手たちがそれをすることができる」

ことと、「それをすべきである」ということが、話し手たちがそうしていることの単一の理由とも、それぞれ異なる2つの理由とも考えられるからだということになります。

しかし、(4) の仮説では説明できない例があります。次の文では、because のあとの2つの文が、それぞれ別々の異なる理由を表わしていますが、because の反復がある (5b) だけでなく、because の反復のない (5a) もまったく自然で適格な文です。

(5) それ (= 猫) は、私たちを愛するから、そして、それが温かいところでそこに座るとかわいがってもらえるので、私たちのひざに座るのです。
    a. It (= a cat) sits in our lap **because** it loves us AND it's a warm spot where it will get petted.（実例）
    b. It (= a cat) sits in our lap **because** it loves us AND **because** it's a warm spot where it will get petted.

(5) では、猫が私たちのひざに座るのは、(i) 猫が私たちのことを好きだからという理由と、(ii) 私たちのひざは温かく、そこに座るとかわいがってもらえるという理由の<u>2つの異なる理由</u>のためです。そしてこの点は、(5a) の実例で、because のあとの2つの文を結ぶ and が大文字になっており、2つの文の内容が異なるものであることが強調されていることからも明らかです。それにもかかわらず、これを表わすのに、(5b) だけでなく (5a) も適格だということは、(4) の仮説では説明することができません。いったいどのように考えればいいのでしょうか。

(1)–(3) と (5) の例を正しく説明するには、(4) の仮説を少し変更して、because の反復がない文は、その直後の2つの文が、単一の理由を表わすだけでなく、because の反復がある文と同様

に、2つの異なる理由も表わすことができると考えなければなりません。ここで、because の反復がない文を because-[S1 and S2]、because の反復がある文を because-S1 and because-S2 と表記して、次の仮説を立てることにしましょう。

(6) because-[S1 and S2] は（i）S1 and S2 全体を1つの理由として提出するときにも、(ii) S1 と S2 という2つの異なる理由を提出するときにも用いられるが、because-S1 and because-S2 は、S1 と S2 という2つの異なる理由を提出するときにのみ、用いられる。

［注］主文 [because-S1 and because-S2] の解釈 (ii) は、[主文 because-S1] and [主文 because-S2] ということになる。

(6) の仮説で、これまでの例がどのように説明されるか見ておきましょう。この仮説によれば、(1a) の because が反復されていない文は、話し手たちがそうしているのは、(i) それをすることができ、かつそれをするべきだからという単一の理由によるとも、(ii) それをすることができるという理由と、それをするべきだからという理由の2つの理由によるとも解釈されます。それに対して、(1b) の because が反復されている文は、(ii) の解釈のみ可能ということになります。(2a, b) でも同様です。一方 (3a, b) では、すでに説明したように、人は自分が月並みであるという理由だけで嫉妬したりはしませんから、because 以下の2つの文は、単一の理由を表わしており、because の反復がない (3a) のみ適格で、because の反復がある (3b) は不適格となります。また (5a, b) では、because 以下の2つの文が異なる理由を表わしているので、(5a) と (5b) は同じ意味を表わしていることになります。

(6) の仮説をもとに、さらに次の日本語に対応する2つの英文を比べてみましょう。Because の反復のない (7a) は、まったく自然な適格文ですが、because が反復されている (7b) は、不自然でぎこちない文です。

(7) 気温が下がり、凍えるほど寒かったので、暖かいセーターを着なければなりませんでした。
 a. √I had to wear a warm sweater **because** the temperature had gone down and it was freezing cold.
 b. ?/??I had to wear a warm sweater **because** the temperature had gone down and **because** it was freezing cold.

(7a) の the temperature had gone down and it was freezing cold（気温が下がり、凍えるほど寒かった）は、単一の気象状況を表わす文と容易に解釈できます。この文が適格なのは、そのためです。他方 (7b) の the temperature had gone down（気温が下がった）と、it was freezing cold（凍えるほど寒かった）は、暖かいセーターを着なければならなかったことの2つの異なる理由にはなりません。この文が不自然でぎこちないと判断されるのはそのためです。よって、(7a, b) の適格性の違いも (6) の仮説によって説明することができます。

上に述べたように、2つの異なる理由がある場合には、because を反復しないパターンでも反復するパターンでもどちらでも使えるのですが、because を反復しないパターンは、別の理由で不自然になったり、ぎこちない文になったりすることがあります。たとえば、次の文を見てください。

(8) 女の子達は、少なくとも2つの点で差別待遇に直面する：

彼女らが若いという理由と、彼女らが女性であるという理由。

a. Girls face discrimination on at least two counts: **because** they are young and they are female.

b. Girls face discrimination on at least two counts: **because** they are young and **because** they are female.（実例）

"on two counts"（2つの点で）という表現があるので、because が反復されている（8b）のほうが、より適切で自然な表現です。（8a）も使えますが、その場合には、young と female を強調して発音するか、S1 のあとに長いポーズを置いて発音し、2つの理由があることを強調する必要があります。

次の場合には、また別の理由で、because が反復されている（9b）のほうが、より適切で自然な表現です。

(9) 私が走るのは、それに達成感があり、そうすることができるからです。

a. ??/*I run, **because** it's my achievement, and I can.

b. I run, **because** it's my achievement, and **because** I can.

（実例）

(9b) は全く自然な適格文ですが、(9a) はきわめて座りの悪い不適格に近い文です。これは、[S1 and S2] = it's my achievement and I can という文が、それ自体、きわめて座りの悪い不適格に近い文だからです。

(10) ?/??It's my achievement and I can (run).

次の文も、because を反復したほうがよい場合です。

(11) 私たちが夏に日光浴をし、屋外バーベキューをし、散歩をするのは気温が高いし、1年中夏が続くわけではないからです。
   a. ?/?? We bathe in the sun, have picnics and go for walks in the summer **because** it's hot, and it's not summer all year around.
   b. 　　We bathe in the sun, have picnics and go for walks in the summer **because** it's hot, and **because** it's not summer all year around.

この場合も、[S1 and S2] = it's hot and it's not summer all year around という文が、それ自体、きわめて座りの悪い不自然な文であるため、because が反復されていない (11a) は、座りの悪い不適格に近い文となっています。

　英語が母語ではない私たちには、(9a) の [it's my achievement, and I can] や (11a) の [it's hot, and it's not summer all year around] がぎこちない文である、という判断をするのが困難です。したがって、2つの異なる理由がある場合には、because を反復する (b) パターンを用いるのが無難、ということになります。

● 時を表わす従属接続詞

次の日本語に対応する2つの英文を比較してみましょう。

(12) 昨晩、夜中の12時にセットしてあった目覚まし時計が鳴り、家内がシャワーを浴びに2階に行ったとき、私は仕

事にでかけました。

- a. √Last night, I left home for work **when** the alarm clock set for midnight went off and my wife went upstairs to take a shower.
- b. *Last night, I left home for work **when** the alarm clock set for midnight went off and **when** my wife went upstairs to take a shower.

時を表わす従属接続詞 when が反復されていない（12a）は適格文、一方、反復されている（12b）は不適格文です。

さらに、次の日本語に対応する２つの英文を見てみましょう。

(13) 私は、ローガン空港に着いたときと成田空港で飛行機から降りたとき、家に電話しました。
- a. *I called home **when** I arrived at Logan Airport and I got off the plane at Narita Airport.
- b. √I called home **when** I arrived at Logan Airport and **when** I got off the plane at Narita Airport.

今度は逆に、when が反復されていない（a）が不適格文、一方、反復されている（b）が適格文です。この違いはどのように説明すればいいのでしょうか。

まず（12）では、目覚まし時計が鳴ったのと、家内がシャワーを浴びに２階に行ったのは、同時に起きた出来事です。一方（13）では、ローガン空港に着いた時と、成田空港で飛行機から降りた時は、２つの異なった時を表わしています。これでお分かりだと思います。２つの出来事が同時に起きて、１つの単一の時間が示されている場合は、when が１つだけで反復されず、２つの出来

事が別々の時間に起きて、2つの異なる時間が示されている場合は、when が2つで反復されるわけです。この点を次のように示しましょう。

(14) a. when-[S1 and S2]：S1 と S2 が同時に真である単一の時を表わす。
   b. when-S1 and when-S2: S1 が真である時と、S2 が真である時という、2つの異なる時を表わす。

ここで注意してほしいのは、前節で観察した because-[S1 and S2] は、S1 と S2 が一緒になって、<u>単一の理由</u>を表わすだけでなく、S1 と S2 が、それぞれ<u>異なる2つの理由</u>をも表わしましたが、when-[S1 and S2] は、S1 と S2 の表わす出来事が同時に起きて、<u>単一の時</u>を表わすのみであるという点です。

　ここで、さらに次の英文を見てみましょう。ここでは、(12)、(13) と違って、when が反復されていない (a) 文も、when が反復されている (b) 文も、ともに適格です。

(15) a. I used to live on instant ramen **when** I was young and I didn't have much money.
   b. I used to live on instant ramen **when** I was young and **when** I didn't have much money.

これはどのように説明されるのでしょうか。(15a) では、when が反復されていませんから、この when 節は、「若くてお金があまりなかった」という単一の時期を指します。その時期に話し手がインスタントラーメンを常食としていた、ということには何の

問題もありませんから、(15a) は適格文と判断されます。他方、(15b) では、when が反復されていますから、若かった時期と、お金がなかった時（期）という2つの異なった時（期）が指し示されています。この2つの時（期）に話し手がインスタントラーメンを常食としたということには、何の問題もありませんから、(15b) も適格文と判断されるわけです。言い換えれば、(15b) が適格なのは、その動詞句 I used to live on instant ramen が、1回限りの行為ではなく、複数の行為を指すので、複数の異なった時にそれらの行為が起こり得るからである、ということになります。他方、(12b) の Last night, I left home for work は1回限りの行為を表わしますから、1回限りの行為が、2つの異なった時に起き得るはずがないので、(12b) が不適格となるわけです。

時を表わす従属接続詞 after, before の反復、非反復も、(14) と同様の制約に従います。次の英文を見てください。

(16) a.　John left the party **after** Mary left and Jane came.
　　　b.　*John left the party **after** Mary left and **after** Jane came.
(17) a.　John left the party **before** Mary left and Jane came.
　　　b.　*John left the party **before** Mary left and **before** Jane came.

(16), (17) の主文動詞句 left the party は、過去の1回限りの動作を表わします。(16a), (17a) の after と before が反復されていない文は、この「パーティーを立ち去った」というジョンの1回限りの行為が、メアリーが立ち去り、ジェーンがやってきたという、同じ時間に起こった2つの行為より後に、あるいは前に起こったことを示しており、適格です。一方、(16b), (17b) の after と before が反復されている文が不適格と判断される事実は、after-S1 and after-S2, before-S1 and before-S2 が、2つの異なる時間を指す

ことを示しています。これらの文は、left the party という1回限りの行為が、2つの異なる時間に起きたという主張があり得ないことなので、不適格となるわけです。

ここで、たとえば (18) に示すような場合が、どうして (16b) を使って言い表わせないかを考える必要があります。つまり、ジョンがパーティーを立ち去ったのが、メアリーが立ち去り、さらにその後でジェーンがやってきた後のことで、(2回起きた行為ではなく) 1回限りの行為である場合です。

(18) *John left the party **after** Mary left and **after** Jane came. (=16b)

```
TIME ───── T1 ──────── T2 ──────── T3 ────→
            └ Mary left   └ Jane came   └ John left
            (e.g., 9 pm)  (e.g., 10 pm) (e.g., 11 pm)
```

上の図から明らかなように、(16b) は理論的には正しい文です。この理論的に正しい文が不適格と判断されるのは、John が去った時間 T3 は、それに一番近い出来事が起きた時間 T2 を指定すれば十分で、T1 を指定することには、普通意味がないからです。ただし、ある出来事に一番近い出来事だけでなく、さらにその前や後の出来事が、ともに重要で忘れがたい出来事である場合には、次のような文が適格となります。

(19) Senator Smith and his wife left the reception **before** the guest of honor arrived and even **before** the President and the First Lady arrived.
「スミス上院議員夫妻は、レセプションの主賓が到着する前に、そして、驚いたことに大統領夫妻が到着する前に、

レセプションを去りました。」

(19) が適格なのは、スミス上院議員夫妻がレセプションを去ったのが、主賓が到着したり、さらには大統領夫妻が到着する前であったという、2つのともに重要な出来事の前だったからです。

先に、when-S1 and when-S2 は、主文が1回限りの出来事を表わす場合には用いることができないが、主文が複数回の出来事を表わす場合には、用いることができることを示しました（(12b) と (13b), (15b) を参照）。After/before-S1 and after/before-S2 の場合も同じことが言えます。

(20) a. *John brushes his teeth **after** he eats breakfast and he comes home from work.
  b. John brushes his teeth **after** he eats breakfast and **after** he comes home from work.
(21) a. *John brushes his teeth **before** he eats breakfast and he goes to bed.
  b. John brushes his teeth **before** he eats breakfast and **before** he goes to bed.

(20), (21) の主文は、歯を磨くという習慣的行為、すなわち繰り返して行なわれる行為を表わしますから、繰り返して行なわれる行為が、after/before-S1 and after/before-S2 が表わす異なった時間に行なわれても、何ら矛盾がないわけです。(20b), (21b) が適格なのは、この理由によります。

(20a) が不適格なのは、S1 = he eats breakfast, S2 = he comes home from work の朝食を食べる時間と仕事から帰ってくる時間が同一時間を表わすことはあり得ないからです。(21a) の不適格性

も同様の理由によります。私たちは、because-[S1 and S2] についても、同じような理由による不適格文を観察しました（(8a) 参照）。

　以上の考察から、時を表わす従属接続詞 Xconj（= when, after, before）の反復、非反復について、次の仮説を立てることができます。

(22) a. Xconj-[S1 and S2] は、S1 と S2 が同時に真である時を基準とした時指定を表わす。
　　 b. Xconj-S1 and Xconj-S2 は、S1 が真である時と、S2 が真である時という、2つの異なった時を基準とした時指定を表わす。

● 条件接続詞 if

　条件接続詞 if の反復、非反復については、because や時を表わす従属接続詞の反復、非反復の場合には表面に出てこなかった面白い現象が表面に出てきます。まず、次の日本語に対応する2つの英文を見てください。

(23) 暖かくて雨でなければ、私たちは屋外で夕食を食べる。
　　 a. √**If** it's warm and it isn't raining, we have dinner outside.
　　 b. √**If** it's warm and **if** it isn't raining, we have dinner outside.
　　　　　　　　　　　　　　　　　　　　　　　　　　　（実例）

(23a) と (23b) は、ともに適格文です。これら2文が意図している意味は、「暖かい」という条件と、「雨が降っていない」という条件がともに同時に成立する場合には、屋外で夕食を食べる、

ということです。

これに対し、次の日本語に対応する2つの英文を見てみましょう。

(24) もし私たちがそうすれば、そしてそうしなければ、何が起きるでしょうか。
　a. ??/* What will happen **if** we do and we don't?
　b. 　√ What will happen **if** we do and **if** we don't?（実例）

(24b) の if が反復されている文は、(23b) の if が反復されている文とは、解釈が違っています。(24b) は、話し手たちがそうするという条件とそうしないという条件が、<u>ともに同時に成立する場合</u>（これら2つの条件が同時に成立するということは、実際にはあり得ませんが）、何が起きるかという質問ではなく、そうする条件が成立する場合と成立しない場合の<u>それぞれ</u>に、何が起きるか、という質問です。この解釈で、(24b) は完全に適格な文です。一方 (24a) は、S1 and S2 = we do and we don't が、「私たちがそうして、かつそうしない」という、実際にはあり得ない矛盾したことを述べているので、意味をなさず、不適格です。したがって、if が反復されている場合は、S1 と S2 の条件がともに同時に成立する場合（(23b)）と、S1 と S2 の条件がそれぞれ別々に成立する場合（(24b)）の両方を表わすことができるわけです。それに対し、if が反復されていない場合は、S1 と S2 の条件がともに同時に成立する場合だけを表わすことになります。

(23a), (23b), (24b) の解釈から、if の反復、非反復について、次の仮説を立てることができます。

(25) a. if-[S1 and S2] は、S1 と S2 が表わす事象、事態が<u>とも</u>

に同時に成立するという条件を表わす。
b. if-S1 and if-S2 は、(i) S1 と S2 が表わす事象、事態が<u>ともに同時に成立する</u>という条件と、(ii) S1 が表わす事象、事態と S2 が表わす事象、事態が<u>別々に成立する</u>という条件のいずれをも表わし得る。

● ここまでのまとめ

ここまで、because の反復がない文とある文、時を表わす when, after, before の反復がない文とある文、if の反復がない文とある文を見てきましたが、これらの文が、単一の理由、時間、条件を表わすか、あるいは2つの異なる理由、時間、条件を表わすかに関して、次の簡略化して書いたまとめから分かるように、とても興味深い違いが浮き彫りになってきました（時を表わす when, after, before は、when のみを示します）。

(26) a. because-[S1 and S2]　　(i) S1 と S2 が1つの理由
　　　　　　　　　　　　　　　(ii) S1 と S2 が2つの異なる理由
　　b. because-S1 and because-S2 (i) S1 と S2 が2つの異なる理由
(27) a. when-[S1 and S2]　　(i) S1 と S2 が1つの時間
　　b. when-S1 and when-S2　(i) S1 と S2 が2つの異なる時間
(28) a. if-[S1 and S2]　　(i) S1 と S2 が1つの条件
　　b. if-S1 and if-S2　　(i) S1 と S2 が1つの条件
　　　　　　　　　　　　　(ii) S1 と S2 が2つの異なる条件

(27) で、when の反復のない when-[S1 and S2] は、S1 と S2 の表わす事柄が同じ時間に起こり、<u>1つの時間</u>を表わしているのに対し、when の反復のある when-S1 and when-S2 は、S1 と S2 の表わす事柄がそれぞれ別の時間に起こり、<u>2つの異なる時間</u>を表わしています。その点で、両者がそれぞれ1つずつの意味を持ち、形と意味が一対一に対応しています。これに対し、because の場合は、反復のない because-[S1 and S2] が、S1 と S2 の表わす事柄が一緒になって、<u>1つの理由</u>を表わすだけでなく、反復のある because-S1 and because-S2 と同様に、<u>2つの異なる理由</u>も表わすことができます。一方、if の場合は、反復のある if-S1 and if-S2 が、S1 と S2 が<u>2つの異なる条件</u>だけでなく、反復のない if-[S1 and S2] と同様に、同時に成立する<u>1つの条件</u>も表わすことができます。

● The fact 構文の中の that の反復・非反復

まず、the fact that the economy is improving のような the fact 構文の埋め込み文が2つある場合、2つ目の文の前に that の反復が起こるか起こらないかを見てみましょう。

(29) 経済が向上し、会社が雇用をし始めたことは、大統領にとってプラスです。
  a. √The fact **that** the economy is improving and companies have started hiring again benefits the President.
  b. √The fact **that** the economy is improving and **that** companies have started hiring again benefits the President.

(30) 彼の両親が交通事故で亡くなり、彼が3歳で孤児になっ

たことは、我々の現在の議論に無関係のことです。

a. √The fact **that** his parents died in a traffic accident and he became an orphan at the age of three is irrelevant to our present discussion.

b. √The fact **that** his parents died in a traffic accident and **that** he became an orphan at the age of three is irrelevant to our present discussion.

That が反復されていない (29a), (30a) も、反復されている (29b), (30b) も、ともに適格文です。That を反復するかしないかは、まったく自由で、どちらでもいいのでしょうか。

この疑問に答えるために、次の文を見てみましょう。

(31) アフガニスタンの厳重警備下のオフィスで2人の米軍士官が殺害されたことと、メリル・ストリープが彼女の3つ目のオスカーをもらったことが、今朝の新聞に一番大きく報道されていました。

a. ??/*The fact **that** two US military officers were assassinated in their well-protected office in Afghanistan and Meryl Streep received her third Oscar was most prominently reported on in this morning's paper.

b. √The fact **that** two US military officers were assassinated in their well-protected office in Afghanistan and **that** Meryl Streep received her third Oscar was most prominently reported on in this morning's paper.

That が反復されている (31b) は適格文ですが、that が反復されていない (31a) は不適格文です。これはなぜでしょうか。

読者の皆さんの中には、これがどうしてだかお気づきになっておられる方がたくさんおいでになることと思います。(29), (30) の the fact 構文の中に埋め込まれている文 S1, S2 は、お互いに密接な関係がある内容の文、極端な言い方をすれば、同じことを述べている文です。なぜなら、(29) で、経済が向上すれば、会社は当然、雇用をし始めることになりますし、(30) で、彼の両親が交通事故で亡くなれば、彼は当然、孤児となるからです。他方、(31) の the fact 構文の中に埋め込まれている文 S1, S2 は、お互いにまったく関係のない別々の内容の文です。

　この事実から、the fact 構文の中に埋め込まれた2つの文について、次の仮説を立てることができます。

(32) The fact 構文に S1 and S2 という複文が埋め込まれている場合、
　a. もし S1 と S2 が表わす事象、状態がお互いに密接な関係があれば、that が反復さていない the fact that [S1 and S2] パターンと、that が反復されている the fact [that S1 and that S2] パターンのどちらでも用いることができるが、
　b. もし S1 と S2 が表わす事象、状態がお互いに密接な関係がなければ、that が反復されている the fact [that S1 and that S2] パターンしか用いることができない。

(32) を、前節でまとめたような形で簡略化して述べると、次のようになります。

(33) a.　the fact **that** [S1 and S2]　　(i) S1 と S2 が密接な意味関係にあり、いわば<u>1つの</u>

意味内容を表わす。
b. the fact **that** S1 and **that** S2 (i) S1 と S2 が密接な意味関係にあり、いわば<u>1つの意味内容</u>を表わす。
   (ii) S1 と S2 が別々の<u>2つの異なる意味内容</u>を表わす。

(33) を、because, when, if の非反復、反復が表わす意味をまとめた (26)–(28) と比べて見ると分かるように、the fact that 構文の that の非反復、反復は、if の非反復、反復の場合と共通しています。すなわち、if の反復がある文が、S1 と S2 が<u>2つの異なる条件</u>だけでなく、同時に成立する<u>1つの条件</u>も表わすことができるのと同様に、that の反復がある文は、S1 と S2 が<u>2つの異なる意味内容</u>だけでなく、両者が密接に関係する<u>1つの意味内容</u>も表わすことができます。

● The fact that の反復

次に従属接続詞の反復からは少し話しがそれますが、the fact that 全体の反復について考察したいと思います。なぜなら、読者のみなさんのほとんどが、今までに耳にしたことがないと思われるきわめて興味深い事実があるからです。次の3つの文は、(29b), (30b), (31b) の that の反復の代わりに、the fact that 全体を反復させて作った文です。

(34) a. √**The fact that** the economy is improving and **the fact that** companies have started hiring again **benefits/??benefit** the President. [単数呼応]

b. √**The fact that** his parents died in a traffic accident and **the fact that** he became an orphan at the age of three **is/??are** irrelevant to our present discussion.［単数呼応］

c. √**The fact that** two US military officers were assassinated in their well-protected office in Afghanistan and **the fact that** Meryl Streep received her third Oscar **??was/were** most prominently reported on in this morning's paper.［複数呼応］

(34a-c) はいずれも適格文ですが、それは、主文動詞が単数呼応か複数呼応かに依存しています。(34a, b) では、主文動詞が単数形の benefits, is だと適格文で、複数形の benefit, are だと不適格文です。これは大変興味深いことと思います。なぜなら、これらの文の主語は、The fact that ... and the fact that ... となっており、形の上では、2つの事実が示されているので、主文動詞は複数呼応になるのではと思えるからです。しかし単数呼応になるのは、上で説明したように、2つの事実が、同じ<u>1つの事実として</u>解釈されるからです。つまり、動詞の呼応を決定づけているのは、「形」ではなく、「意味」ということになります。一方、(34c) では逆に、主文動詞が単数形の was だと不適格で、複数形の were だと適格です。これがなぜだか、もうお分かりでしょう。ここでは、まったく異なった事実を表わす2つの the fact that ... and the fact that ... が主語となっているからです。

次の文でも、動詞は複数呼応であり、単数呼応だと不適格です。

(35) **The fact that** vitamin deficiencies cause cancer and **the fact that** carcinogens cause cancer **are/*is** two separate matters. (実例)

「ビタミン欠乏が癌を起こすという事実と、発癌物質が癌

を起こすという事実は、2つの別の問題です。」

これはなぜでしょうか。それは、この文の話し手が、2つの事実を two separate matters（2つの別の問題）と言っていることから分かるように、相異なる事実と見なしているからです（【付記】参照）。

● まとめ

本章では、従属接続詞の because や when, if などが反復されない場合と反復される場合で、意味がどのように異なるかを考察し、次のような違いがあることを明らかにしました。

(6) because-[S1 and S2] は (i) S1 and S2 全体を1つの理由として提出するときにも、(ii) S1 と S2 という2つの異なる理由を提出するときにも用いられるが、because-S1 and because-S2 は、S1 と S2 という2つの異なる理由を提出するときにのみ、用いられる。

[注] 主文 [because-S1 and because-S2] の解釈 (ii) は、[主文 because-S1] and [主文 because-S2] ということになる。

(22) a. Xconj-[S1 and S2] は、S1 と S2 が同時に真である時を基準とした時指定を表わす。

b. Xconj-S1 and Xconj-S2 は、S1 が真である時と、S2 が真である時という、2つの異なった時を基準とした時指定を表わす。

(25) a. if-[S1 and S2] は、S1 と S2 が表わす事象、事態が<u>ともに同時に成立する</u>という条件を表わす。

b. if-S1 and if-S2 は、(i) S1 と S2 が表わす事象、事態が<u>ともに同時に成立する</u>という条件と、(ii) S1 が表わす事象、事態と S2 が表わす事象、事態が<u>別々に成立する</u>という条件のいずれをも表わし得る。

さらに、the fact 構文の中の that が反復されない場合とされる場合についても考え、次の点を明らかにしました。

(32) The fact 構文に S1 and S2 という複文が埋め込まれている場合、
　　a. もし S1 と S2 が表わす事象、状態がお互いに密接な関係があれば、that が反復さていない the fact that [S1 and S2] パターンと、that が反復されている the fact [**that** S1 and **that** S2] パターンのどちらでも用いることができるが、
　　b. もし S1 と S2 が表わす事象、状態がお互いに密接な関係がなければ、that が反復されている the fact [**that** S1 and **that** S2] パターンしか用いることができない。

そして、the fact 構文の中で、the fact that 全体が反復される場合も考え、主文の動詞呼応が単数と複数のどちらになるかを明らかにしました。

　読者のみなさんの多くは、本章をお読みになる前には、従属接続詞や the fact 構文の that が反復されるかどうかは、どちらでもよく、どちらが用いられても、意味に違いはないと思われていたかもしれません。しかし、本章をお読みになって、これらの接続詞や that が反復されると不適格になったり、逆に、反復されなければ不適格になったりする場合があると分かり、またその理由も

明らかになって、形の上のわずかな違いが、大きな意味の違いにつながっていることにお気づきになられたことと思います。

コラム③

Unputdownable という単語を知っていますか?

みなさんは、次のような文脈でよく用いられる unputdownable という単語をご存知でしょうか。

(1) This novel is highly readable and quite **unputdownable**.
「この小説は非常に読みやすく、とても面白くて途中でやめられない。」

この単語を知っておられる方も多いかもしれませんが、unputdownable という単語は、他動詞 put に不変化詞 down がついた句動詞 put down (… を下に置く) に、「… できる」という意味を表わす接尾辞 -able がついて putdownable (下に置くことができる) という形容詞ができ、それに否定の意味を表わす接頭辞 un- がついて unputdownable (下に置くことができない) となったものです。その点では、たとえば他動詞 believe に -able と un- がついた unbelievable (信じられない) というような形容詞と同じです。これら2つの単語の仕組みを下に図示してみましょう (A は形容詞、V は動詞、Particle は不変化詞を表わします)。

(2) a.
```
          A
     unputdownable
    /          \
  un-           A
            putdownable
            /       \
           V        -able
         putdown
         /    \
        V    Particle
       put    down
```

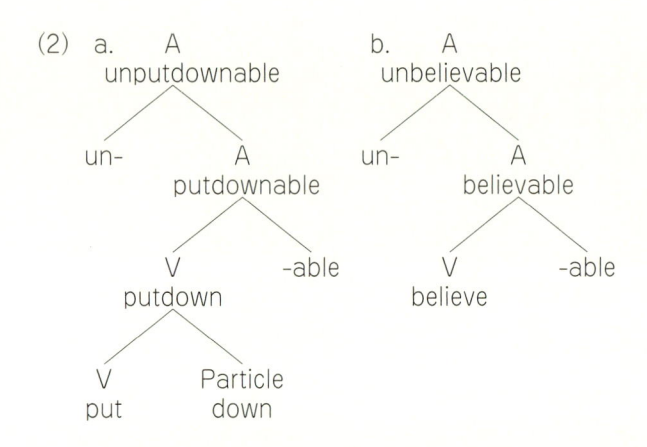

b.
```
          A
      unbelievable
     /         \
   un-          A
            believable
            /      \
           V       -able
         believe
```

ただ、unbelievable の場合は、1語の動詞 believe に -able と un- がついていますが、unputdownable の場合は、put down という句動詞が、あたかも純粋な1語の動詞であるかのようにみなされ、それに -able と un- がついています。そして、形の上では、動詞 put ではなく、down という不変化詞の後に -able がついているので、unbelievable のような単語とは違って、かなり特異な感じがします。

Unputdownable の文字通りの意味は、上に示しました「下に置くことができない」ですが、本などを読んでいて、面白くて「下に置くことができない」という意味から転じて、一般に「(本などが)面白くて途中でやめられない、夢中にさせる」という意味で用いられます。この単語は、中型の英和辞典には載っており、英米人なら誰でも知っている単語で、新刊書などの宣伝文などでもしばしば見かけるものです。

Unputdownable に対して、それでは接頭辞 un- のない putdownable という単語はあるかと言うと、これは面白いことに、unputdownable よりはるかに稀で、大型の英和辞典に

も載っていません。そして母語話者の間でも使われることはまずありませんが、インターネットを調べてみると、unputdownable から un- をとって、その反対の「本などがつまらなくて、読まないで置いてしまう」という意味を意図して、ユーモラスに使っている例が見つかりました。

母語話者の間でよく使われる unputdownable のような単語がもとになって、様々な単語が作られ、実際に使われています。たとえば、「ある事柄を今やらなければならず、もう遅らせることができない」というような場合、「延期する、遅らせる」という意味の句動詞 put off に –able と un- をつけて、It is **unputoffable**. と言うことになります。Unputoffable は辞書には載っていませんが、母語話者の間では用いられており、ウェブページからの実例を次にあげておきます。

(3) a. Last night was crunch night, when the job I had been dreading was **unputoffable** anymore.
「昨夜は危機的な夜で、私が恐れていた仕事はもはや先延ばしにはできなかった。」
 b. I had some **unputoffable** business to take care of in Omotesando today.
「私は今日、表参道で先延ばしできない仕事をやらなければならなかった。」

Unputoffable のような単語は「臨時語」(nonce word) で、母語話者の間で定着している単語ではなく、unputdownable のような既存の単語をもとに、その場限りに臨時的に作られたものですが、意味は容易に理解され、実際に使われています。さらに実例をあげてみましょう。

(4) a. I can see why this is an **"untakeoffable"** dress for her. She looks completely adorable in it!

「彼女がこの服をどうして脱ぐことができないのか、分かるよ。それを着ていると、彼女は本当に可愛いからね。」

[take off: 〈服、靴などを〉脱ぐ]

b. The bracelet was too big for my midget wrists anyway, and **untakeinable**.

「とにかくそのブレスレットは私の細い手首には大き過ぎて、小さくすることができなかった。」

[take in: 〈服などの寸法を〉縮める、詰める、小さくする]

c. I'm going to talk about something that we seem to think is **untalkaboutable**.

「話すことができないと思えるような事柄を今からお話しします。」

[talk about: … について話をする]（about は前置詞）

d. If a book can be described as **unputdownable**, can a drama be called **unswitchoffable**?

「本が unputdownable（面白くて途中でやめられない）と言えるなら、ドラマは unswitchoffable（面白くてスイッチを切れない）と言えるのでしょうか。」

[switch off: … のスイッチを切る]

(4a-d) では、take off, take in, talk about, switch off という句動詞を 1 語とみなし、それに –able と un- をつけて「〜

することができない」という形容詞にしています。

　このように、unputdownable というような既成の単語をもとに、たとえその場限りの「臨時語」であるとしても、新しい単語をどんどんと作り、実際に使っている状況はとても面白く思えます。そして、言葉が柔軟で、生きている感じがします。他にも、unwearoutable, unpindownable, untakedownable, untakeoutable, unfixupable, unputupable など、グーグルでもいろいろと使われている例が見つかります。ただ、グーグルで検索してみると、unputdownable が 1,690,000 例ヒットするのに対し、他の単語は臨時語ですから、たとえば unpindownable は 22,000 例、unwearoutable は 9,550 例、untalkaboutable は 2,600 例、そして unswitchoffable は 373 例と極端に低くなっています。したがって、私たち日本人は、これらの単語が使われているのは理解しつつも、母語話者に対して私たちがこのような表現を使うと、少し驚いた顔をされることでしょうから、むしろ使わない方が無難なように思えます。

書き言葉に見られる There 構文
—どんな動詞が用いられるか—

第7章

● 書き言葉での there 構文

There 構文と言うと、誰しも次のような文を思い浮かべ、動詞は be 動詞に決まっていると思われるかも知れません。

(1) a. There **is** a coin under the table.
   b. There **are** three women in the room.

しかし、話し言葉ではなく書き言葉では、特に文学作品や学術的な書き物などで、次のように be 動詞以外の動詞も用いられます。

(2) a. Once upon a time there **lived** a king who had three beautiful daughters.
   「昔々、3人の美しい娘のいる王様が住んでいました。」
   b. In the middle of the sea battle, there **arose** a storm which neither side had anticipated.
   「その海戦のさなか、どちらの側も予期していなかった嵐が起こりました。」
   c. There will eventually **come** a time when people can live in peace.
   「いつかは人々が平和に暮らせるときがやって来るでしょう。」
(3) a. There seems to **exist** a satisfactory explanation of this

problem.

「この問題に対する満足のいく説明があると思われる。」

b. There has just **appeared** another book by Chomsky.

「チョムスキーの別の本が出たところです。」

c. There **emerged** some new facts while we were working on the project.

「私たちがそのプロジェクトを行なっているとき、いくつかの新しい事実が明らかとなった。」

(2a-c) は、小説など文学作品からの there 構文で、動詞は live, arise, come が用いられています。一方、(3a-c) は、学術的な書き物からの there 構文で、動詞は exist, appear, emerge が用いられています。このように、主に書き言葉においてですが、there 構文には be 動詞以外の一般動詞も用いられます。

● どんな一般動詞が用いられる？

さて、there 構文に一般動詞も用いられると言っても、すべての動詞が用いられるわけではありません。次の there 構文では、自動詞の swim, laugh、他動詞の eat, watch が用いられていますが、すべて英語としてまったく認められない不適格文です。

(4) a. *There **swam** a couple of boys in the river.（自動詞）

b. *There **laughed** many students in the classroom.（自動詞）

(5) a. *There **ate** an apple Mary.（他動詞）

b. *There **watched** the game many baseball fans.（他動詞）

There 構文にはいったいどのような動詞が用いられるのでしょ

うか。ある高校生用の参考書には次のような記述と例文が載っています。

> (6) Be 動詞以外の<u>自動詞</u>を使って、〈There+V+S...〉の文を作ることができ、「存在／出現／何かが起こること」を表わす exist（存在する）、live（住む）、come（来る）、arrive（到着する）、happen（起こる）などの動詞が使われる。
> Once upon a time there **lived** a very happy prince.

(6) の記述の「何かが起こること」は、言い換えれば、その何かが「出現」することを表わします。また be 動詞は、人や物が「いる」、「ある」という「存在」を表わします。そのため (6) は、次のようにまとめることができます。

> 《学校文法での There 構文の動詞の規定》
> There 構文（There+V+S...）には、<u>存在</u>と<u>出現</u>を表わす<u>自動詞</u>が用いられる。

この規定をもとに、(2a-c), (3a-c) を見てみましょう。(2a) では、「王様が<u>住んでいた</u>」ですから、live は「存在」を表わします。一方、(2b, c) では、「<u>嵐が起こった</u>」、「人々が平和に暮らせるときが<u>やって来る</u>」ですから、arise, come は「出現」を表わします。さらに (3a) では、「満足のいく説明が<u>ある</u>」ですから、exist は「存

在」を表わし、(3b, c) では、「チョムスキーの本が<u>出た</u>」、「新しい事実が<u>明らかとなった</u>」ですから、appear, emerge は「出現」を表わします。よって、これらの文は、《学校文法での There 構文の動詞の規定》に合致して適格であると言えます。一方、(4a, b) では、swim, laugh が「泳ぐ」、「笑う」という<u>行為</u>を表わすのみで、存在も出現も表わしません。また、(5a, b) の動詞 eat, watch は目的語 (an apple, the game) をとる他動詞ですし、「りんごを食べる」、「ゲームを見る」は、<u>行為</u>を表わすのみで、存在も出現も表わしません。よって、これらの文は《学校文法での There 構文の動詞の規定》に合わず、不適格であると言えます。

　しかし、次の例を見てください。

(7) a. Late at night, there **crept** a silent band of soldiers into the small mountain village.（行為）
「夜遅くに、その小さな山村に兵士の一団が静かに忍び寄ってきた。」
b. In the afternoon, there **proceeded** a solemn cortege down the road to the cemetery.（行為）
「午後、墓地への道を厳粛な葬儀の行列が続いた。」
c. There **ambled** two rabbits along the path.（行為）
「通りを２匹の兎がゆっくりと歩いていた。」

小さな山村に兵士の一団がゆっくり近づいてきたり (creep)、厳粛な葬儀の行列が墓地への道を進んだり (proceed)、あるいは兎が通りをゆっくりと歩いたり (amble) するのは、いずれも「行為」を表わし、「存在」や「出現」を表わしてはいません。しかし、それにもかかわらず (7a-c) は適格な there 構文です。

　さらに次の例を見てみましょう。

(8) a. Then, all of a sudden, there **reached** her ears the sound of angel voices.（他動詞）
「そして突然、彼女の耳に天使の声が聞こえてきた。」
   b. There **crossed** her mind a most horrible thought.（他動詞）
「彼女の心にとても恐ろしい考えがよぎった。」
   c. There **entered** the room an indescribably malodorous breath of air.（他動詞）
「部屋に筆舌に尽くしがたい悪臭が漂ってきた。」

(8a-c) の動詞 reach, cross, enter は、それぞれ目的語 her ears, her mind, the room をとっているので、他動詞です。それにもかかわらず、これらの there 構文は適格です。したがって、《学校文法での There 構文の動詞の規定》は妥当でないことが分かります。

さらに、swim のような行為を表わす動詞は、(4a)（=*There **swam** a couple of boys in the river.）で見たように there 構文に用いられませんでしたが、前置詞句を次の (9b) のように動詞の直後に置いたり、(9c) のように文頭に置くと適格になります。

(9) a. *There **swam** [a man in a red wetsuit] [towards the party of tourists].
   b. There **swam** [towards the party of tourists] [a man in a red wetsuit].
   c. [Towards the party of tourists] there **swam** [a man in a red wetsuit].

《学校文法での There 構文の動詞の規定》は、(9b, c) のような there 構文には触れていません。しかし、なぜ(9a)が不適格で、(9b, c) が適格なのでしょうか。いったい there 構文にはどのような動

詞が用いられ、どのような場合に there 構文は適格となるのでしょうか。本章ではこの謎を解くことにします。

● **場面設定と存在／出現**

There 構文は、これまで見てきた例もそうですが、一般に、場所を表わす句を伴っています。場所を表わす句は、日本語でもたとえば、「昔々<u>あるところに</u>、おじいさんとおばあさんが住んでいました。...」に見られるように、ある「場面」を設定する働きをしています。そして英語の there 構文では、もともと場所の副詞であった there と、明示的な場所を表わす句が一緒になって、1つの「場面設定」を行なっていると考えられます。したがって there 構文は、その場面に人や物が存在したり出現したりすることを述べる「提示文」(presentational sentence) であると言えます。

この点をもとに、前節の最後で述べた次の例を見てみましょう。

(9) a. *There **swam** [a man in a red wetsuit] [towards the party of tourists].
   b. There **swam** [towards the party of tourists] [a man in a red wetsuit].
   c. [Towards the party of tourists] there **swam** [a man in a red wetsuit].

不適格な (9a) と適格な (9b, c) の違いは何でしょうか。それは、意味上の主語 (= a man in a red wetsuit) が提示される時点で、その主語の指示対象の存在か出現を示すような場面が設定されているかどうかです。(9) で意味上の主語が提示されるまでの部分を

見てみましょう。

(10) a.　There swam ...（存在も出現も表わさない）
　　 b.　There swam **towards the party of tourists** ...（出現）
　　 c.　**Towards the party of tourists** there swam ...（出現）

Swim 自身は、行為を表わす動詞であり、存在や出現を表わすものではありません。しかし、(10b, c) に示したように、swim が towards the party of tourists のような場所句と一緒になると、その場所への（主語指示物の）出現を表わします。そのため (9b, c) は、赤い（ダイバーなどの）ウエットスーツを着た人が旅行者の一行のところへ泳いできた（つまり、現われた）と解釈されます。

同様のことが、存在に関しても言えます。次の例を見てください。

(11) a. *There burned a flag in a corner of the room.

b. **Deep within him** there burned an undying passion.
「彼の心の奥深くで消えることのない情熱が燃え立った。」

(11a) では、意味上の主語 a flag が提示される時点で、(there と) 動詞 burned しか示されていません。Burn は、意味上の主語、旗に起きた出来事（つまり、「燃えた」）を表わすのみで、存在も出現も表わしません。一方 (11b) では、意味上の主語 an undying passion が提示された時点で、すでに deep within him there burned があり、場所句と動詞が一緒になって、「彼の心の奥深くで燃えながら存在していた」ということを表わし、意味上の主語の存在を示しています。（さらに (11a) と (11b) を比較すると、前者の動詞 burn は「燃えて（なくなる）」という意味ですが、後者の動詞 burn は、「(消えることのない情熱が) 燃え立った」から分かるように、情熱の出現と存在を示しています。よって、この違いも両文の適格性の違いの原因となっています。）

場所を表わす句は、(9), (11) では there 構文の中で示されていますが、必ずしもその必要はないことにここで注意してください。次の例を見てみましょう。

(12) a. **Mary was glued to what was happening in rapid succession in front of her eyes**. First, there **screamed** a little girl with a red headband. Next, there **groaned** an old woman with a black eye-patch. Then, there **hollered** a middle-aged man with a hatchet.
「メアリーは、自分の目の前で次々と起こっていく事柄に釘づけになった。まず、赤いヘッドバンドをした少女が悲鳴をあげ、次に、黒い眼帯をした老女がうめ

き声をあげた。そして次に、おのを持った中年の男が大声で叫んだ。」

b. **This book tells us what the world was like millions of years ago.** There **screamed** the panther – there **laughed** the hyena – there **howled** the baboon.

「この本は、何百万年も前に世界がどのような様子だったかを教えてくれる。ヒョウが叫び、ハイエナが笑い、ヒヒが吠えていた。」

(12a, b) では、there 構文が現われる前の文脈、Mary was glued to what was happening in rapid succession in front of her eyes., This book tells us what the world was like millions of years ago. が、ある物（事）が出現したり（起こったり）、存在したりする場面設定の働きをしています。つまり、「メアリーは、自分の目の前で次々と起こる事柄に釘づけになった」や「この本は、何百万年も前に世界が

どのような様子だったかを教えてくれる」と言えば、これらの文に続いてメアリーの目の前で何が起きたか、何百万年も前、世界がどんな様子だったかが示され、何らかの存在や出現が提示される場面設定が整うことになります。そのために (12a, b) は、there 構文自体には場所を示す句がなくても適格になっています。

以上の考察から、次の仮説を暫定的に立てることができます。

> 《There 構文に課される機能的制約》（後に修正）：There 構文は、意味上の主語の左側の要素が、存在か出現を表わすと解釈される場合にのみ適格となる。

この制約で、「意味上の主語の左側の要素」にはもちろん there も含まれますが、there は具体的な意味内容を持たないため、存在か出現を表わす要素としては機能しないことに注意しておいてください。

● 《There 構文に課される機能的制約》で説明できる例

《There 構文に課される機能的制約》は、(9), (11), (12) の例だけでなく、先に見た次の例も説明できます。

(2a)	Once upon a time there **lived** a king who had three beautiful daughters.	存在	適格
(2c)	There will eventually **come** a time when people can live in peace.	出現	適格

第7章 書き言葉に見られる There 構文－どんな動詞が用いられるか－ 151

| (4a) | *There **swam** a couple of boys in the river. | 行為 | 不適格 |
| (4b) | *There **laughed** many students in the classroom. | 行為 | 不適格 |

(2a, c)では場所を表わす句がありません。しかしこれらの文では、動詞（= live, come）自体が存在や出現を表わしています。よって《There 構文に課される機能的制約》が満たされ、これらの文は適格となります。（Be 動詞の there 構文（1a, b）でも、be 動詞が存在を表わすため適格です。また、(2b), (3a-c) も同様に説明できます。）一方、(4a, b) の動詞 swim, laugh は行為を表わす動詞であり、存在や出現を表わすものではありません。もちろん、場所を表わす句（= in the river, in the classroom）が文末にあり、文全体としては存在が示されてはいますが、これらの句は、意味上の主語（= a couple of boys, many students）が提示される時点ではまだ示されていません。よって、《There 構文に課される機能的制約》が満たされず、(4a, b) は不適格となります。

次に、先に観察した他動詞の例を見てみましょう。

(5a)	*There **ate** an apple Mary.	行為	不適格
(5b)	*There **watched** the game many baseball fans.	行為	不適格
(8a)	Then, all of a sudden, there **reached** her ears the sound of angel voices.	出現	適格
(8b)	There **crossed** her mind a most horrible thought.	出現	適格

| (8c) | There **entered** the room an indescribably malodorous breath of air. | 出現 | 適格 |

(5) と (8) を比べてみると、前者では目的語 (= an apple, the game) が、食べたり見たりする行為の<u>対象</u>であるのに対し、後者では目的語 (= her ears, her mind, the room) が、<u>場所</u>を表わしていることが分かります（そしてその場所は、話し手（または話し手が自分の視点を置いている登場人物）が観察している場所ですが、この点は次節で述べます）。つまり、前者では、動詞と目的語が、りんごを食べたり、ゲームを見たりするという<u>行為のみ</u>を表わし、存在も出現も表わしません。そのため、《There 構文に課される機能的制約》が満たされず、(5a, b) は不適格となります。一方 (8a-c) では、動詞と場所の働きをしている目的語が一緒になって、「聞こえてくる」、「心をよぎる」、「部屋に入ってくる」と解釈され、<u>出現</u>を表わします。そのため、《There 構文に課される機能的制約》が満たされ、これらの文は適格となります。

There 構文には動詞の受身形が現われる場合があります。次の例を見てください。

(13) a. There **are placed** many silver spoons on the table. （存在）
  b. There **was born** a baby to the Joneses. （出現）
(14) a. *There **was hit** a man on the head. （行為）
  b. *There **were murdered** three young men in the park. （行為）

(13a) の are placed （置かれている）は<u>存在</u>を表わし、(13b) の was born （生まれた）は<u>出現</u>を表わします。よって、これらの文

は《There 構文に課される機能的制約》を満たし、適格となります。一方、(14a, b) の was hit（叩かれた）、were murdered（殺害された）は、意味上の主語に起こった出来事を表わすのみで、存在や出現を表わしてはいません。よってこれらの文は、《There 構文に課される機能的制約》を満たさず不適格となります。

● 観察者としての話し手

　上では、there 構文が適格となるには、意味上の主語が提示されるまでに存在か出現が示されなければならないことを明らかにしました。ここで、この存在や出現は、話し手（または話し手が自分の視点を置いている登場人物）がいる場所での存在やその場所への出現であることに注意する必要があります。次の例を見てみましょう。

(15) a. Then there danced [towards **me**] [a couple dressed like Napoleon and Josephine].
　　 b. There walked [into **the** courtroom] [two people I had thought were dead].
　　 c. There swam [towards **the** party of tourists] [a man in a red wetsuit]. (=9b)

Then there danced towards **me** a couple dressed like Napoleon and Josephine. (=15a)

(15a-c) では、意味上の主語が提示される時点で、動詞と場所句が一緒になってすでに出現を表わしていますが、その出現は、話し手がいる場所への出現です。つまり、(15a) では、ナポレオンとジョセフィン（ナポレオンの最初の皇后）のような服装をしたカップルがダンスをしながら話し手の方へやってきたと解釈されます。また (15b) では、話し手が法廷にいて、死んだと思っていた2人の人物が法廷に入ってきたと解釈されます。さらに(15c)では、話し手が旅行者の一団の方にいて、ウエットスーツを着た人がその旅行者のところへ泳いでやってきたと解釈されます。このように、設定された場面が話し手に結びついている点は、(15a) では towards me となっていることから明らかですし、(15b, c) でも、the courtroom, the party of tourists の定冠詞 the が、話し手（および聞き手）がこれらの名詞句の指示物をすでに知っていて、その指示対象のそばに自分を置いていることを示すことから明らかです。

　上の議論は、次の文が不適格であることからも裏づけられます。

(16) *There swam towards **an old lobster fisherman** a man in a red wetsuit.

(16)では、**an** old lobster fisherman となっており、不定冠詞 an により、この名詞句の指示物が話し手と聞き手の間で了解されていないことが分かります。つまり、話し手（および聞き手）は、この名詞句の指示物をまだ知らず（特定化しておらず）、そのためにその指示対象のそばに自分を置いてはいないことが分かります。よってこの文は、「赤いウエットスーツを着た人が、ロブスターを捕るある年老いた漁師のところへ泳いで<u>行った</u>」と解釈され、話し手がこの光景をどこで眺めて述べているのか分かりません。つまり、話し手がいる場所での存在やそこへの出現が示されていないので、(16)は不適格となります。

　意味上の主語指示物が話し手のいる場面に存在しているとか、そこへ出現しているというような解釈は、語彙や文脈に大きく依存しており、程度の問題です。次の例を見てください（√は、無印と同様に、その文が適格であることを示します）。

(17) a.　There danced **on the stage** a young girl with a red

headband.
b. √/? There danced **in the ballroom** a young girl with a red headband.
c. ?/?? There swam **in the river** a young girl with a red headband.

(17a-c) の適格性の判断は段階的であり、(a) から (c) へと適格性が次第に低くなります。そしてこの違いは、これらの文の場所句が話し手に結びついていると解釈されやすいかどうかによります。(17a) では、ステージでの行為は観客が見るためのものですから、場所句 on the stage により、話し手が劇場の観客の中にいてステージを見ていると容易に解釈できます。(17b) の場所句 in the ballroom からも、話し手がダンスを見ている見物人の中にいると解釈できますが、この解釈は (17a) の場合ほど容易ではありません。なぜなら、ダンスホールでダンスをするのは、通例、見物人に見せるためではないからです。さらに (17c) は、単独では (17b) より適格性が落ちます。これは、この文の話し手が、川の土手に立っていて、川で何が起こっているかを観察しているというような場面を想定しなければならず、このような場面設定が、先行文脈がなければきわめて難しいためです。

以上の考察から、前節で立てた《There 構文に課される機能的制約》は、次のように修正されます。

《**There 構文に課される機能的制約**》: There 構文は、意味上の主語の左側の要素が、<u>話し手(または話し手が自分の視点を置いている登場人物)にとって観察可能な存在か出現</u>を表わすと解釈される場合にのみ、適格となる。

さてここで、先に観察した次の例を見てみましょう。

(4a)	*There **swam** a couple of boys in the river.	行為	不適格
(4b)	*There **laughed** many students in the classroom.	行為	不適格
(7a)	Late at night, there **crept** a silent band of soldiers into the small mountain village.	行為	適格
(7b)	In the afternoon, there **proceeded** a solemn cortege down the road to the cemetery.	行為	適格
(7c)	There **ambled** two rabbits along the path.	行為	適格

(4a, b) の動詞 swim, laugh も、(7a-c) の動詞 creep, proceed, amble も、主語指示物の運動行為を表わし、それ自身では存在も出現も表わしません。この2組の文には、意味上の主語の左側に場所を表わす前置詞句が現われていませんから、これらの文はすべて《There 構文に課される機能的制約》違反で不適格になるはずです。それにもかかわらず、(7a-c) は完全に適格な文と判断されます。これは、(7a-c) の動詞が、瞬間的な運動を表わすのではなく、時間がある程度継続する運動を表わしていることに起因しているものと考えられます。話し手がこれらの動詞を使ったということは、話し手が、起こっている出来事をしばらくの間じっと見つめていたことを示しています。つまり、これらの文では、話し手が観察者となっていることが明らかであり、意味上の主語の左側の要素が存在か出現を表わしていると解釈できることになります。よってこれらの文は、《There 構文に課される機能的制約》を満たして適格と判断されるわけです。

上で提示した《There 構文に課される機能的制約》により、きわめて多くの there 構文の適格性が捉えられ、この制約で（ほぼ）十分だと考えられます。以下では、あまり一般的ではない「消滅」、そして「非存在」と「非出現」の場合を考えてみたいと思いますが、そこまで詳しく知る必要性を感じない読者の方は、以下を読み飛ばし、最後の「結び」だけを読んでいただいても結構です。

● 消滅、非存在および非出現

次の文では、動詞が disappear や vanish で、いずれも主語指示物が消えたり、見えなくなったという、「消滅」の意味を表わしていますが、(18a, b) は不適格なのに対し、(19a, b) は適格です。

(18) a. *There **disappeared** three ships last week.
 「先週 3 そうの船が消えた。」
 b. *There **vanished** a diamond ring from this drawer.
 「この引き出しからダイヤモンドの指輪が消えた。」

(19) a. Into the woods there **disappeared** a young moose, before we could get a picture of it.
 「私たちが写真を撮る前に、子供のアメリカヘラジカが森の中へ消えて行った。」
 b. Looking around, we at first thought no animals were in the clearing, but into the woods there **was disappearing** a young black bear.
 「辺りを見回して、私たちは開墾地に動物はいないと最初思ったが、子供のアメリカクロクマが森の中へ消えていこうとしていた。」

(18a, b) の不適格性と (19a, b) の適格性はどのように説明されるのでしょうか。両者の大きな違いは、(18a, b) では、場所句がなかったり、文末に置かれているのに対し、(19a, b) では、場所句が文頭にある点です。そしてこのために、(18a, b) では、意味上の主語の左側の要素が、話し手（または話し手が自分の視点を置いている登場人物）にとって観察可能な主語指示物の消滅を表わしているとは解釈されませんが、(19a, b) では、そのように解釈されることになります。(18a, b) では、主語の左側の要素は、there disappeared, there vanished のみですから、主語指示物の消滅が、話し手がいる場所からの消滅かどうか分かりませんし、話し手がその消滅をどこでどのように観察しているのか不明です。それに対して、たとえば (19a) では、主語の左側の要素が Into the woods there disappeared ですから、主語指示物の消滅が、話し手が観察している森の中への消滅であることが分かり、その点が there 構文の後の before 節で補強されています。つまり、話し手たちがアメリカヘラジカの写真を撮る前に、そのヘラジカが森の中へ消えて行っており、話し手はそれを観察しています。(19b) についても同様のことが言えます。したがって、there 構文は、意味上の主語の左側の要素が、話し手（または話し手が自分の視点を置いている登場人物）にとって観察可能な存在や出現だけでなく、消滅を表わすと解釈される場合にも適格になることが分かります。

(18a, b) の不適格文をさらに次の適格文と比べてみましょう。

(20) a. There **had vanished from the dresser** two rings left me by my mother.
「母が私に残してくれた２つの指輪がドレッサーからなくなっていた。」

b. There **had disappeared from the safe** two diamond rings that her ex-husband had given her.
「彼女の前の夫が彼女にくれた2つのダイヤモンドの指輪が、金庫から消えていた。」

(20a, b) では、過去完了形 (had vanished/disappeared) が使われ、意味上の主語 (= two rings left me by my mother, two diamond rings that her ex-husband had given her) が提示されるまでに、(あるはずだった指輪が) ドレッサーや金庫から消えていたこと、つまり、なかったこと (非存在) が述べられています。そしてこれらの文がまったく適格であることから、there 構文では意味上の主語の左側の要素が、あるものの非存在を表わす場合も、存在や出現を表わす場合と同様に適格になることが分かります (【付記】参照)。

次に、出現を否定するような there 構文を考えてみましょう。

(21) a. For the first time since the beginning of the war, there **didn't emerge** any fighter squadrons from the airbases in the desert.
「戦争が始まって以来初めて、砂漠の空軍基地から戦闘飛行隊が1つも現われなかった。」
b. For some American feminists, it has long been a source of frustration and perplexity that in France, there **has never emerged** a woman's movement as vocal and vigorous as the one in America.
「フランスでアメリカと同じぐらい強くたくましい女性運動がまったく起こらなかったのは、アメリカ人のフェミニストたちにとって、長い間、不満と困惑の原因となった。」

    c. There **hasn't appeared** any new paper by Chomsky for the past few years.

これらの文はすべて適格ですが、興味深いことに、次の否定文のthere 構文はいずれも不適格となります。

(22) a. *There **never stood** in the corner of this room an old-fashioned rocking chair.
    b. *There **didn't appear** a new fact in the meeting.
    c. *There **didn't emerge** any new fact while we were working on the project.

適格な (21) と不適格な (22) を比べてみると、前者では、意味上の主語指示物の出現が、話し手（または話し手が自分の視点を置いている登場人物や聞き手）によって予期されていたという状況がまずあり、その予測にもかかわらず、主語指示物の出現が生じなかったという点が述べられています。たとえば (21a) では、戦争開始以来、砂漠の空軍基地から戦闘飛行隊がずっと現われ、今日も現われると予想していたにもかかわらず、それが初めて現われなかったことが述べられています。(21b) でも同様に、フランスでも女性運動が起こるとアメリカ人のフェミニストに予測されていたにもかかわらず、それが出現しなかったこと（非出現）が述べられています。このように適格な (21) では、話し手が設定された場面を観察して、主語指示物の存在や出現が予測されていたにもかかわらず、それが存在も出現もしなかったことに気づき、その非存在、非出現を観察していることになります。

  これに対し (22) では、そのような予測を示唆するような状況がまったく示されておらず、主語指示物の存在や出現が単に否定

されているだけです。つまり、(22a)で部屋の隅にロッキングチェアーが置かれたり、(22b, c) で新しい事実が出現するというような予測は、なんら示唆されておらず、話し手がそれらの非存在、非出現を観察しているという状況が示されていません。

人や物の存在や出現は、観察者の目に一目瞭然で見えますが、人や物の非存在や非出現は、観察者がその存在や出現を予期しているという状況がなければ、その非存在、非出現に気がつきません。そのため、(22a-c) が不適格なのに対し、(20a, b) や (21a-c) が適格なのは、観察者がそこで示されている非存在や非出現に気がついているため、いわば、その非存在や非出現を観察しているためだと言えます。

以上の考察から、《There 構文に課される機能的制約》は、最終的に次のように修正されます。

《There 構文に課される機能的制約》（最終版）：There 構文は、意味上の主語の左側の要素が、話し手（または話し手が自分の視点を置いている登場人物）にとって観察可能な存在、非存在、出現、非出現、あるいは消滅を表わすと解釈される場合にのみ、適格となる。

● 結び

There 構文に課される上記の最終的な制約を、本章の初めに触れた《学校文法での There 構文の動詞の規定》（以下に再録）と比べてみましょう。

> ### 《学校文法での There 構文の動詞の規定》
> There 構文（There+V+S...）には、<u>存在</u>と<u>出現</u>を表わす<u>自動詞</u>が用いられる。

中学・高校で私たちが学んだ上の規定は、「存在」と「出現」に言及している点で《There 構文に課される機能的制約》と部分的に共通しており、まったくの間違いではありません。しかしこれは、動詞の直後に意味上の主語が現われるタイプの there 構文のみを考えており、場所句が文頭に現われたり、意味上の主語の前に現われるタイプの there 構文を考えていません。これは、学校文法が、高校レベルまでの英語を考えたものでしょうから、仕方のないことかもしれませんが、この規定は、there 構文の一部にしか適用できません。本章をお読みになった読者の方々は、There 構文の全体を捉えるには、本章で扱ったようなタイプの there 構文も観察する必要があり、there 構文の適格性が、単に動詞のみに依存する現象ではなく、その文や文脈全体から決定づけられる意味的、機能的、談話的現象であることをご理解いただけたことと思います。

場所句倒置文 (1)
—There 構文とはどこが違うか—

第8章

● 「場所句倒置文」とはどんな文？

　日本の有名なおとぎ話『桃太郎』は、次のような書き出しで始まっています。

(1) むかしむかしあるところに、おじいさんとおばあさんが住んでいました。(おじいさんは山へ柴刈りに、おばあさんは川へ洗濯に……)

ここでは、時と場所を示す「むかしむかしあるところに」が、文頭に現われています。日本語は、通例、動詞が文末に現われるので、(1) では、この時と場所を表わす表現のあとに主語の「おじいさんとおばあさんが」が置かれ、自動詞の「住んでいました」が、文の最後にきます。

　さて、英語のおとぎ話や物語でも、この (1) に類似した次のような文がよく見られます。

(2) a. Once upon a time in a faraway land lived a contented prince.
「昔々遠く離れたところに幸せそうな王子が住んでいました。」

b. In a little white house lived seven dwarfs.
「ある小さな白い家に7人の小人が住んでいました。」

c. On the grass under the apple tree dozed the old man and his son.

「そのりんごの木の下の草むらで老人とその息子がうとうとと居眠りをしていた。」

d. Under the doormat lay the key to the front door.
「そのドアマットの下に玄関の鍵があった。」

(2a-d) では、場所（や時）を表わす表現が文頭に置かれ、そのあとに動詞がきて、文末に主語が置かれています。つまり、(2b) を例にとると、この文は、次の (3a) の「基本語順」で配列された文の主語 (seven dwarfs) を動詞 (lived) の後ろへ倒置し、場所句 (in a little while house) を動詞の前へ倒置しているため、一般に「場所句倒置文」と呼ばれます。

(3) a. <u>Seven dwarfs</u> **lived** <u>in a little white house</u>.
　　　　主語　　　　　　　　場所句

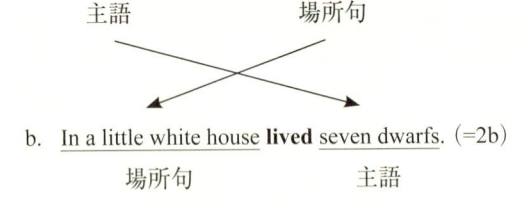

b. <u>In a little white house</u> **lived** <u>seven dwarfs</u>. (=2b)
　　　場所句　　　　　　　　　　　主語

場所句倒置文は、前章で考察した書き言葉に見られる there 構文と同様に、おとぎ話や物語などの書き言葉でよく用いられ、情緒的表現の響きがあります。そして実際、両者は共通点が多く、たとえば (2a, b) の場所句倒置文で、次の (b) のように、動詞の前に there を入れるだけで、適格な there 構文が出来上がります。

(4) a. Once upon a time in a faraway land lived a contented prince.

(=2a)
　b. Once upon a time in a faraway land **there** lived a contented prince.
(5)　a. In a little white house lived seven dwarfs. (=2b)
　　b. In a little white house **there** lived seven dwarfs.

しかし、興味深いことに、(2c, d) の場所句倒置文に there を入れて出来上がる次の (6b), (7b) の there 構文は、(4b), (5b) と異なり、不適格です。

(6)　a. On the grass under the apple tree dozed the old man and his son. (=2c)
　　b. *On the grass under the apple tree **there** dozed the old man and his son.
(7)　a. Under the doormat lay the key to the front door. (=2d)
　　b. *Under the doormat **there** lay the key to the front door.

場所句倒置文と there 構文は、いったいどこが違うのでしょうか。
　(2a-d) の場所句倒置文で用いられている動詞は、lived, dozed, lay ですが、さらに be 動詞や他の一般動詞が用いられている次の例を見てみましょう。

(8)　a. On the hall table **is** a crystal vase full of roses.
　　　「玄関のテーブルにたくさんのバラが生けられたクリスタル製の花瓶が置いてある。」
　　b. Under the apple tree **stood** a tall middle-aged woman.
　　　「そのりんごの木の下に背の高い中年の女性が立っていた。」

c. From the mansion **appeared** an old man with a stick.
「その大邸宅から杖をついた老人が出てきた。」

d. To the platform **came** a train for Paris.
「プラットフォームにパリ行きの列車が入ってきた。」

(8a-d) もすべて適格ですが、しかし、どのような動詞でも場所句倒置文に用いられるわけではありません。次の例を見てください。

(9) a. *Onto the ground **spit** a few sailors.
「地面に数人の船乗りが唾を吐いた。」

b. *On the corner **smoked** a woman.
「角で女の人がタバコを吸った。」

c. *At the supermarket on Main St. **shop** local residents. (Levin and Rappaport Hovav 1995: 222)
「メインストリートのスーパーマーケットで地域の住民が買い物をする。」

d. *In the nursery **smiled** half a dozen newborn babies.
「育児室で6人の新生児が微笑んだ。」

Spit, smoked, shop, smiled が用いられた (9a-d) の場所句倒置文は、(2a-d), (8a-d) と異なり、不適格です。場所句倒置文にはどのような動詞が用いられ、(2a-d), (8a-d) と (9a-d) はいったいどこが違うのでしょうか。場所句倒置文はどのような場合に適格となるのでしょうか。

本章と次章では、これら2つの謎を明らかにしたいと思います。まず本章で、最初の謎、すなわち、場所句倒置文と there 構文の違いについて考察し、次章で2つ目の謎、すなわち、場所句

倒置文に用いられる動詞やこの構文の適格性条件について考察します。

● There 構文の意味上の主語は不定名詞句のみか？

最初に、there 構文の意味上の主語について考えてみましょう。前節で提示した適格な there 構文 (4b), (5b) と、不適格な there 構文 (6b), (7b) を比べてみると、まず気がつくのは、意味上の主語が、前者では、a contented prince, seven dwarfs の<u>不定名詞句</u>であるのに対し、後者では、the old man and his son, the key to the front door の<u>定名詞句</u>だという点です。この点から、読者のみなさんは、there 構文と場所句倒置文に関して、次のような仮説が立てられると思われるかも知れません。

(10) There 構文の意味上の主語は、不定名詞句でなければならない。一方、場所句倒置文の主語は、定名詞句でも不定名詞句でもよい。

この仮説によれば、there 構文には、the book, your brother のように、話し手と聞き手の間でその指示対象が特定されている名詞句や、同じく指示対象が特定されている John, Boston, you のような固有名詞や代名詞は、いずれも定名詞句なので、there 構文に現われないと予測されます。しかし、次の例を見てください。

(11) Speaker A: I'm afraid there's nothing to eat.
「何も食べるものがないようね。」
Speaker B: Well, there's **the leftover apple pie from last night**.
「えーっと、昨日の夜の残りのアップルパイが

あります。」
(12) I won't feel lonely anymore, because I know there's still **you**.
「もう淋しくなんかないよ。なぜって、まだ君がいてくれるのが分かっているから。」

(11B) の there 構文の意味上の主語 the leftover apple pie from last night や (12) の there 構文の意味上の主語 you は定名詞句ですが、これらの会話や文は、まったく自然で適格です。したがって、(10) の仮説は妥当でなく、there 構文の意味上の主語は、不定名詞句だけでなく、定名詞句でも構いません。それでは、(6b), (7b) と (11B), (12) は、同じ定名詞句が用いられているにもかかわらず、どうして適格性に違いが生じるのでしょうか。

● There 構文の意味上の主語は「新情報」

　結論から先に言うと、there 構文の意味上の主語は、定名詞句か不定名詞句かによるのではなく、発話の時点で、聞き手にとって「新情報」を表わすものでなければならないということになります。私たちはこの点を、久野・高見 (2004)『謎解きの英文法——冠詞と名詞』(第 10 章) ですでに述べていますので、もうご存知の方は、以下をとばして次節へ移ってくださって結構ですが、ここで簡単に説明しておきます。そのために、次の 2 つの概念を区別し、それらの定義づけをしておきましょう。

(13) 照応性：ある名詞句が指し示す事物が、すでに話題にのぼっていたり、その事物が話し手や聞き手によく知られている場合、その名詞句は「照応的」(anaphoric) である。つまり、ある名詞句の指示対象が決定できる場合、その

名詞句は照応的である。
(14) 新情報／旧情報：文中のある名詞句や他の要素が、聞き手にとって文脈から予測することができない情報を表わしていれば、それは「新情報」であり、文脈から予測することができる情報を表わしていれば、それは「旧情報」である。

(13)に示したように、照応的な名詞句は、意味の点から述べると、その指示対象がすでに話題にのぼっていたり、話し手や聞き手によく知られているので、それはとりも直さず、形（式）の点から述べると、定名詞句（the book や your brother, John など）ということになります。つまり、照応的な名詞句は定名詞句であり、非照応的な名詞句は不定名詞句です。

　それでは、上記の概念を踏まえて、まず（11）（以下に再録）を見てみましょう。

(11) Speaker A: I'm afraid there's nothing to eat.
　　　Speaker B: Well, there's **the leftover apple pie from last night**.

話し手 B が **the** leftover apple pie from last night という照応的名詞句（定名詞句）を使っているのは、そのアップルパイがどれであるかを話し手 A が了解しているからです。しかし、話し手 A は、ここで「何も食べるものがないようね」と言っていますから、そのアップルパイが残っていることに気がついていません。そのため、話し手 B は、話し手 A にそのアップルパイがあることを思い出させ、知らせています。つまり、話し手 B の表現は、聞き手（＝話し手 A）が了解している人や物（そのため、照応的名詞句／定名詞句）を、聞き手がその存在を忘れているような文脈で、

再び思い出させる働きをしています。そして、話し手Aは、そのアップルパイが残っていて、今食べられるということをそのとき知らなかったので、そのアップルパイは、話し手Aにとって文脈から予測できない情報を表わしており、新情報です。

(12)(以下に再録)についても同様のことが言えます。

(12) I won't feel lonely anymore, because I know there's still **you**.

(12)では、話し手は聞き手にもう淋しくない理由が、「あなたがいてくれるからだ」と述べているので、聞き手は、because I know there's still X の X の位置に you が現われることを文脈から予測できません。そのため、you は聞き手にとって新情報を表わします。

このように、照応的名詞句(定名詞句)が there 構文の意味上の主語として現われ得るのは、聞き手がその指示対象を了解しているにもかかわらず、発話の時点でその存在を忘れていたり、予測できないような文脈で、話し手が聞き手にそれを思い出させるような場合に限られます。

それでは、(4b), (5b)(以下に再録)の適格性はどのように説明されるでしょうか。

(4) b. Once upon a time in a faraway land **there** lived a contented prince.

(5) b. In a little white house **there** lived seven dwarfs.

これらの文では、話し手が聞き手に、昔々遠く離れた所に誰が住んでいたり、小さな白い家に誰が住んでいたかを述べようとしています。そして聞き手は、それが誰であるかを文脈から予測する

ことができませんし、話し手は、それが非照応的名詞句の a contented prince や seven dwarfs であると述べていますから、聞き手はその指示対象やその存在すら知り得ません。そのため、これらの非照応的名詞句は、聞き手にとって新情報であり、(4b), (5b) が適格となります。

一方、不適格な (6b), (7b)（以下に再録）を見てみましょう。

(6) b. *On the grass under the apple tree **there** dozed the old man and his son.
(7) b. *Under the doormat **there** lay the key to the front door.

これらの文では、話し手が聞き手にりんごの木の下の草むらで誰がうとうとと居眠りをしていたり、そのドアマットの下に何があったかを述べようとしていますが、それらが照応的名詞句の the old man and his son, the key to the front door であると示されていますから、聞き手は、これらの名詞句が誰・何を指すのか知っており、その老人や息子、玄関の鍵の存在を知っていることになります。そして、これらの文は何の文脈もなく、唐突に述べられているので、聞き手が、その老人や息子、玄関の鍵の存在を忘れているような状況で述べられたものではありません。そのため、照応的名詞句の the old man and his son, the key to the front door は、聞き手にとって新情報であるという解釈はできませんから、これらの文は不適格となります。

There 構文は、ある人や物の存在を表わしたり、前章で考察したように、その存在する人や物が話し手の観察する場面に出現したりすること等を、聞き手に新情報として示す文です。そのため、there 構文の意味上の主語の位置には、その人や物の存在を聞き手が知らないか、忘れているような名詞句しか現われません。

There 構文の意味上の主語の位置に照応的名詞句（定名詞句）が現われるのが比較的まれなのは、存在することを話し手も聞き手も前提としているようなものの存在を、聞き手が知らないか忘れていると話し手が想定できる状況が限られているからだと考えられます。

以上から、there 構文の意味上の主語は、発話の時点で、聞き手が文脈から予測できない新情報を表わすものでなければならないことが分かりました。

● 場所句倒置文の主語は、場所句より新しい情報か？

それでは、場所句倒置文の主語はどうでしょうか。すでに（2a-d）で見たように、場所句倒置文の主語位置には、a contented prince, seven dwarfs のような非照応的名詞句（不定名詞句）でも、the old man and his son, the key to the front door のような照応的名詞句（定名詞句）でも現われます。

ここで、次章で観察する多くの場所句倒置文を見ても分かることですが、場所句倒置文の主語名詞句と場所句（内の名詞句）を比べてみると、それらが照応的か非照応的かに関して、次の（A）パターンが一番多く、（B）と（C）のパターンは、（A）より少ないことに気がつきます。

(15) (A) On <u>the hall table</u> is <u>a crystal vase full of roses</u>. (=8a)
　　　　　照応的　　　　　　　非照応的
　(B) In <u>a little white house</u> lived <u>seven dwarfs</u>. (=2b)
　　　　非照応的　　　　　　　　非照応的
　(C) Under <u>the doormat</u> lay <u>the key to the front door</u>. (=2d)
　　　　　　照応的　　　　　　　照応的

(15A) の最も多い文パターンは、前置された場所句の名詞句が照応的、後置された主語が非照応的で、(8a) 以外にも、(8b-d) がこのパターンです。一方、(15B) は、2つの名詞句がともに非照応的で、(2b) とともに (2a) がこのパターンをとっており、(15C) は、2つの名詞句がともに照応的で、(2d) とともに (2c) がこのパターンをとっています。

このような観察と並行して、Birner（1994）は、場所句倒置文を含む 1778 例の英語の倒置文を調べ、それらがどのような談話の中で用いられているかを検討しています。そして、前置要素と後置要素が文脈から予測することができるものであるかどうか、つまり、新情報か旧情報かに関して、次の興味深い観察をしています。

(16) a. 新情報を表わす後置要素は、旧情報を表わす後置要素よりはるかに多く、その割合は２０対１（674 例（96%）と 29 例（4%））である。
   b. 旧情報を表わす前置要素は、新情報を表わす前置要素よりはるかに多く、その割合は４対１（562 例（80%）と 141 例（20%））である。
   c. 前置された文頭の要素が新情報で、後置された文末の要素が旧情報である例は、１例もない。

「新／旧情報」を「文脈から予測できない／できる情報」に置き換えて、(16a-c) を次のように平易に言い換えておきましょう。

(17) a. 後置要素は、文脈から予測できない場合が多い。
   b. 前置要素は、文脈から予測できる場合が多い。
   c. 前置要素が文脈から予測できず、後置要素が文脈から

予測できる例は、1例もない。

ここで注意すべき点は、Birner は、文脈から予測できない情報（つまり新情報）は、非照応的名詞句（不定名詞句）であり、文脈から予測できる情報（つまり旧情報）は、照応的名詞句であると考えている点です。この点は、上でも述べたように問題がありますので、以下で詳述しますが、ここでは、続けて Birner の主張を概観しましょう。

Birner は、(16a-c)（および(17a-c)）に基づき、次の仮説を提出しています。

(18) 倒置文の前置要素は、その倒置文が用いられる談話において、後置要素より新しい情報（newer information）であってはいけない。

この (18) の仮説によれば、(15A) のパターンは、前置要素が照応的名詞句で旧情報、後置要素が非照応的名詞句で新情報ですから、この仮説の予測通りです。そして (15B) のパターンは、前置要素と後置要素がどちらも非照応的で、この文だけでは、どちらも新情報と解釈されますが、(18) の仮説は、このようなタイプの文が談話の中に入ると、後置要素の主語の方が<u>より新しい情報</u>（重要度のより高い情報）として解釈されることを示しています（同じことが (15C) のパターンについても言えます）。

この点は、Birner (1994: 240), Birner and Ward (1998: 163) が提示している次の談話で、場所句倒置文に後続する談話は、前置要素の場所句（(In) a little house）ではなく、後置要素の主語 two rabbits について述べる形で展開されなければならないという点からも裏づけられると考えられます（# は、談話上の不適格性

を表わします)。

(19) a. In a little white house lived **two rabbits**. **They/The rabbits** were named Flopsy and Mopsy, and they spent their days merrily invading neighborhood gardens.
「小さな白い家に2匹の兎が住んでいました。その兎はフロプスィーとモプスィーという名前で、近くの庭に入っては楽しく毎日を過ごしていました。」
b. In **a little white house** lived two rabbits. #**It**/#**The house** was the oldest one in the forest, and it was in disrepair. All the animals in the forest worried that someday the house would come crashing down.
「小さな白い家に2匹の兎が住んでいました。その家は森で最も古く、もうボロボロでした。森の動物たちは、やがてその家がつぶれてしまうのではないかと心配していました。」

(19a) では、場所句倒置文の主語 two rabbits について後続の談話が述べられており、適格、一方、(19b) では、後続の談話が、場所句内の a little white house について述べているので、不適格となっています。そしてこの点から、場所句倒置文では、後置主語の方が前置された場所句より新しい情報を表わしており、(18) の仮説が妥当であると言えるかもしれません。

しかし、Birner の観察 (16c) と仮説 (18) は、場所句倒置文の文パターンが (15A-C) の3パターンであり、場所句内の名詞句が非照応的、あるいは新情報で、後置主語が照応的、あるいは旧情報である場合はないということを予測します。しかし、これは本当にそうでしょうか。多くの例を検討してみると、次のよう

に、場所句内の名詞句が非照応的で、後置主語が照応的であるにもかかわらず、適格な場所句倒置文があることが分かります。

(20) a. Into **a dark cave** walked **the beautiful sleeping princess**.
  b. Into **a dark room** walked **the woman with the emerald necklace**.
  c. In **a dark cave on a mountainside** lived **the evil witches of Songsee**.
  d. Into **a dark cave** walked **the spellbound princess**.
  e. Out of **a hidden doorway** walked **the girl with the golden hair**.
  f. We had finished our work and were just about to leave, when out of **a closet** walked **John**.

我々のネイティヴスピーカー・コンサルタントは、(20a-f) がすべて完全に適格な文と判断します。したがって、これらの文の適格性は、Birner の (16c) の観察が、あくまでも彼女が調査した 1778 例に関してのみ言えることで、必ずしもすべてにあてはまることではないことを示しています。

● 場所句倒置文の主語も「新情報」

この本節のタイトルを見て、場所句倒置文の主語は、非照応的名詞句（不定名詞句）だけでなく、照応的名詞句（定名詞句）でも適格なのだから、その主語が新情報であるとは言えない、と思われる読者の方がおられるかもしれません。しかし、(11B), (12) の there 構文で、照応的名詞句（定名詞句）の意味上の主語が新情報であったように、照応的名詞句（定名詞句）が常に旧情報で

あるわけではありません。たとえば、次の談話を見てください。

(21) Speaker A: Who did you have lunch with?
　　 Speaker B: <u>Mary</u> / <u>The man I told you about yesterday</u>.
　　　　　　　　照応的／新情報

ここで、話し手 B の回答は、Mary や The man I told you about yesterday の照応的名詞句（定名詞句）ですが、この回答を聞き手（= 話し手 A）は、文脈からまったく予測できませんから、これらの照応的名詞句は新情報です。したがって、照応的名詞句が必ずしも文脈から予測される旧情報に対応しているわけではありません。

　以上の点が明らかになると、場所句倒置文の主語がなぜ新情報であるか、理解していただけることと思います。場所句倒置文は、場所を先に提示して、その場所に誰／何が存在するかを次に示すという、存在文の最も自然な語順を保っている構文です。ここで、上で見た次の4つの文を再度見てみましょう。

(22) a. On the hall table is a crystal vase full of roses.（=8a）
　　 b. In a little white house lived seven dwarfs.（=2b）
　　 c. Under the doormat lay the key to the front door.（=2d）
　　 d. Into a dark cave walked the beautiful sleeping princess.（=20a）

これら4文は、すでに見たように、場所句と主語が照応的か非照応的かで異なっています。しかし、これらの文はいずれも、<u>文頭で先に提示された場面に</u>何があったり、誰が住んでいたり、誰が歩いて行ったかを述べようとしています。そして聞き手は、それ

が何／誰であるかを文脈から予測できませんから、主語指示物は、照応的であれ、非照応的であれ、新情報です。たとえば (22c, d) では、主語が照応的名詞句ですから、聞き手は、その指示物の玄関の鍵や美しい眠り姫のことを知っています。しかし重要なことに、聞き手は、これらの文が発話された時点で、その鍵がドアマットの下にあったことや、(魔法にかけられて) 眠っているお姫様が洞窟の中へ入って行ったことは知りません。この点は、主語指示物が非照応的名詞句である (22a, b) でも変わりありません。(22a, b) では、玄関のテーブルに聞き手が知らないクリスタル製の花瓶があり、小さな白い家に聞き手が知らない7人の小人が住んでいたと述べています。したがって、場所句倒置文では、主語が照応的 (聞き手がその指示対象を知っている) 名詞句であれ、非照応的 (聞き手がその指示対象を知らない) 名詞句であれ、聞き手は、提示された場面にその主語指示物がいる／あることを文脈から予測できないので、新情報です。

以上から、場所句倒置文の主語は、there 構文の意味上の主語と同様に、聞き手にとって新情報を表わすことが分かりました。ただ、読者の方々もお気づきのことと思いますが、ともに新情報であるという場合の意味合いが若干異なっていますので、両者を次のようにまとめておきましょう。

(23) There 構文の意味上の主語 — 発話の時点で、聞き手が主語指示物の存在を知らないか、知っていても、その存在を忘れていたり、予測できないので、新情報。

(24) 場所句倒置文の主語 — 発話の時点で、聞き手が、提示された場面に主語指示物が存在することを文脈から予測することができないので、新情報。

場所句倒置文の主語の機能

前節で、場所句倒置文の主語は、there 構文の意味上の主語と同様に、聞き手にとって新情報を表わすことを示しましたが、主語は倒置されることによってどのような談話上の機能を果たすことになるのでしょうか。場所句倒置文は、「主語＋動詞＋場所句」の基本語順の文や there 構文とどのような点で異なるのでしょうか。

場所句倒置文は、上の（19a, b）からも理解できるように、後続文脈に続く新しい主題（トピック）を導入する機能を持っていると考えられます。つまり、場所句倒置文は、その後の談話主題が、その場所句ではなく、主語指示物であることをマークする構文と言えます。この点を次の小説からの引用で確認してみましょう（Laura Ingalls Wilder, *Little House on the Prairie*）。

(25) a. Thickly in front of the open wagon-top hung **the large, glittering stars**. Pa could reach **them**, Laura thought. She wished he would pick **the largest one** from the thread on which **it** hung from the sky, and give **it** to her. She was wide awake, she was not sleepy at all, but suddenly she was very much surprised. **The large star** winked at her! (p. 37)
「前の方の、幌(ほろ)を巻き上げてある所からすぐに手が届きそうな辺りに、大きな星がいくつもキラキラ光っていました。父さんならきっとあの星がとれるな、とローラは思います。空からその星をつり下げている糸を外して、一番大きいのをとってくれるといいのに、とローラは思いました。少しも眠くなく、ぱっちり目をあいていたローラは、突然、はっと驚きました。大

きな星が、ローラにぱちっとウインクしてみせたので
す。」

b. Pa took a short cut across the prairie, and as he was loping along on Patty, suddenly out of a little draw came **a pack of wolves. They** were all around Pa in a moment. (p. 89)
「父さんは大草原を斜めにつっきって、パティーをゆっくり走らせていると、だしぬけに、小さな谷地から一群のオオカミが現われたのです。あっという間に、オオカミは父さんの周りを囲んでしまいました。」

c. There in the moonlight sat **half a circle of wolves. They** sat on their haunches and looked at Laura in the window, and she looked at **them**. (p. 96)
「月明かりの中に、オオカミが半円になって座っていました。前脚を立ててすわり、窓のローラを見つめ、ローラはオオカミを見つめます。」

d. Up from the creek came **long lines of wild geese**, forming in V's for **their** flight farther south. **The leader** in front called to **those** behind **him**. "Honk." **He** called. All down the lines **the wild geese** answered, one after another. "Honk." "Honk." "Honk." Then **he** cried, ... (p. 200)
「たった今、小川から飛び立ったガンが、Ｖの字になって、遠い南を目指して旅立っていきました。先頭のガンがあとに続く仲間に呼びかけます。「クワッ！」。列になってあとに続いている仲間は、順番に「クワッ」「クワッ」「クワッ」と答えました。また先頭のガンが呼びかけます ....」

(25a) では、最初の場所句倒置文で、主語の「大きなキラキラ光

る星」(the large, glittering stars) が導入され、この星がそれ以降の談話の主題となり、話が展開しています。(25b, c) でも、場所句倒置文の主語として導入された「一群のオオカミ」(a pack of wolves) や「半円形に並んだオオカミ」(half a circle of wolves) が、後続談話の主題として機能しています。さらに (25d) でも、場所句倒置文の主語である「長い列になったガン」(long lines of wild geese) が、後続談話の主題となり、ガンの話が展開しています。したがって、場所句倒置文は、その後置主語を後続文脈の新しい主題（トピック）として導入する構文であると言えます。

これに対して、there 構文の意味上の主語は、基本語順（主語＋動詞＋副詞句）の主語と同様に、後続文脈の新しい主題に義務的になるというような機能はありません。次の例は、物語の書き出しとしては、(19a) と異なり、多少の不自然さはあるものの、どちらも適格です。

(26) a. There lived **two rabbits** in a little white house. / **Two rabbits** lived in a little white house. **The rabbits** were named Flopsy and Mopsy, and they spent their days merrily invading neighborhood gardens. (cf. 19a)

b. There lived two rabbits in **a little white house**. / Two rabbits lived in **a little white house**. **The house** was the oldest one in the forest, and it was in disrepair. All the animals in the forest worried that someday the house would come crashing down. (cf. 19b)

(26a, b) ではともに、談話の始めに there 構文や基本語順の文があり、その後の談話の主題が、(26a) のように、先行文の主語 two rabbits であっても、(26b) のように、先行文の場所句 a little white house であっても構いません。そしてこれは、場所句倒置文の (19a, b) と大きく異なっています。

場所句倒置文は、本章冒頭でも触れましたが、おとぎ話や物語などの書き言葉でよく用いられ、情緒的表現の響きがあります。そのため、会話では用いられず、次のような会話文は不自然で、不適格です（例文は、Birner and Ward (1998: 175) から）。

(27) Hey, Sam – Did you hear the weird report on the evening news? #In the basement of a department store are living a bunch of alligators.
「ちょっと、サム。夕方のニュースであの気味の悪い報道聞いた？デパートの地下にワニの群れが住んでいるというの。」

これに対し、次の基本語順の文や there 構文は適格です。

(28) a. Hey, Sam – Did you hear the weird report on the evening news? A bunch of alligators are living in the basement of a department store.
b. Hey, Sam – Did you hear the weird report on the evening news? There are a bunch of alligators in the basement of a department store.

この点でも、場所句倒置文は、基本語順の文や there 構文と違っていることが分かります。

● まとめ

本章では、場所句倒置文とthere構文の主語が、ともに聞き手にとって新情報を表わすことを示すとともに、どのような点で新情報であるかに関して、次の点を明らかにしました。

(23) There構文の意味上の主語 ── 発話の時点で、聞き手が主語指示物の存在を知らないか、知っていても、その存在を忘れていたり、予測できないので、新情報。
(24) 場所句倒置文の主語 ── 発話の時点で、聞き手が、提示された場面に主語指示物が存在することを文脈から予測することができないので、新情報。

さらに、場所句倒置文は、there構文と違って、主語を後続談話の新しいトピックとして導入する機能を持っていること、会話では一般に用いられないこと、そして、物語的、情緒的なスタイルを持つ構文であることを示しました。

最後に、there構文に関して1つ補足しておかなければならない事柄があります。本章で、there構文の意味上の主語は、後続文脈の主題に必ずしもなる必要がないことを示しましたが、there構文には、主語の位置に、形の上では定名詞句で、意味的には不定名詞句の非照応的なthis X表現が現われるものがあります。たとえば、次のような例です（久野・高見（2004: 171））。

(29) There was **this old guy** called Jackie Syme in this factory I used to work in. He had one leg that was shorter than the other by about four inches. It made him walk with a pronounced side-to-side swaying ….（実例）

「以前私が働いていた工場に、ジャッキー・サイムという名前の年配の男がいた。そいつの脚は、片方がもう一方よりおよそ4インチ短かった。それで、歩くと、身体が目に見えて左右に揺れた ...」

(30) There was **this guy** who I was in love with a while back, who I was utterly devoted to, but he didn't feel the same way ....

「大分前に、私が恋こがれ、献身的につくした男がいました。でも彼は、そんな気持ちは持っていませんでした ...」

これらの例をご覧になるとお分かりのように、この There was this X という文型は、小説の冒頭によく現われ、this X の指示対象が、これからする話の主人公であることを聞き手に伝えるものです。その点で通常の there 構文とは異なる機能を持っています。(29), (30) の this old guy, this guy は物語に初めて登場するわけですから、定名詞句でも、非照応的で、新情報を表わしていることは明らかです。したがって、このタイプの there 構文は、通常の there 構文と異なっていますが、(11B), (12) の there 構文は、意味上の主語が定名詞句で新情報ですから、このような there 構文と部分的に共通しています。また、この there was this X という文型は、X が後続談話のトピックとなりますから、場所句倒置文と同じ機能を持っていることになります。

場所句倒置文 (2)
―どんな動詞が用いられるか―

第9章

● **はじめに**

私たちは前章の冒頭で、英語の場所句倒置文が、「場所句＋動詞＋主語」の語順をとり、動詞が lived, dozed, lay, is, stood, appeared, came の次の文を見ました。

(1) a. Once upon a time in a faraway land **lived** a contented prince.
「昔々遠く離れたところに幸せそうな王子が住んでいました。」

b. On the grass under the apple tree **dozed** the old man and his son.
「そのりんごの木の下の草むらで老人とその息子がうとうとと居眠りをしていた。」

c. Under the doormat **lay** the key to the front door.
「そのドアマットの下に玄関の鍵があった。」

d. On the hall table **is** a crystal vase full of roses.
「玄関のテーブルにたくさんのバラが生けられたクリスタル製の花瓶が置いてある。」

e. Under the apple tree **stood** a tall middle-aged woman.
「そのりんごの木の下に背の高い中年の女性が立っていた。」

f. From the mansion **appeared** an old man with a stick.

「その大邸宅から杖をついた老人が出てきた。」

g. To the platform **came** a train for Paris.
「プラットフォームにパリ行きの列車が入ってきた。」

(1a-g) はいずれも適格ですが、私たちは同時に、動詞が spit, smoked, shop, smiled の次の文は不適格であることも見ました。

(2) a. *Onto the ground **spit** a few sailors.
「地面に数人の船乗りが唾を吐いた。」

b. *On the corner **smoked** a woman.
「角で女の人がタバコを吸った。」

c. *At the supermarket on Main St. **shop** local residents.（Levin and Rappaport Hovav 1995: 222）
「メインストリートのスーパーマーケットで地域の住人が買い物をする。」

d. *In the nursery **smiled** half a dozen newborn babies.
「育児室で6人の新生児が微笑んだ。」

(1a-g) と (2a-d) の違いは何でしょうか。場所句倒置文にはどのような動詞が用いられ、この構文はどのような場合に適格となるのでしょうか。本章ではこのような謎を解きたいと思います。

● 設定された場面に主語指示物がいる／あると解釈されるか？

まず、次の文を見てみましょう。

(3) a. On that table **was placed** a beautiful silver dish.（存在）

b. Under the apple tree **stood** a tall middle-aged woman.（=1e）
（存在）

(3a, b) では、テーブルの上に美しい銀の皿が置かれていたり、りんごの木の下に背の高い中年の女性が立っていたことが示されています。つまり、文頭の場所句によって設定された場面に、主語指示物が存在していたことが示されています。

この点をより明確にするために、場所句倒置文の (3a, b) を次の基本語順の文と比べてみましょう。

(4) a. A beautiful silver dish was placed on that table.（曖昧）
b. A tall middle-aged woman stood under the apple tree.（曖昧）

(4a) には、「美しい銀の皿がそのテーブルの上に置かれていた」という「状態受身」(statal passive) の意味と、「美しい銀の皿がそのテーブルの上に置かれた」という「動作受身」(actional passive) の意味があり、曖昧です。同様に (4b) も、「背の高い中年の女性がりんごの木の下に立っていた」という、話し手が観察者としてその女性の状態を客観的に描写している非意図的解釈と、「背の高い中年の女性がりんごの木の下に（座っていた状態等から）立ち上がった」、あるいは、「中年の女性が（他の場所から移動して）木の下に立った」という、その女性の意図的な行為を描写する解釈の両方があり、曖昧です。しかし興味深いことに、場所句倒置文の (3a, b) には、これら2つの解釈のうち、「存在」を表わす解釈のみ可能で、後者の動作的、意図的解釈はありません。そしてこの点は、場所句倒置文が、文頭の場所句によって設定された場面に、主語指示物が存在することを示す構文であることを示していると考えられます。

Under the apple tree **stood** a tall middle-aged woman.（=3b）

　前節の次の文でも、文頭の場所句によって設定された場面に、主語指示物が存在することが示されています。

(1) a. Once upon a time in a faraway land **lived** a contented prince.
　　c. Under the doormat **lay** the key to the front door.
　　d. On the hall table **is** a crystal vase full of roses.

(1a)は、昔々遠く離れたところに幸せそうな王子が（住んで）いたことを示しており、遠く離れた場所での王子の存在を表わしています。同様に（1c, d）も、ドアマットの下に玄関の鍵があったこと、玄関のテーブルにクリスタル製の花瓶があることを示しており、鍵や花瓶の存在を表わしています。

　それでは次に、動詞が主語指示物の存在や状態を表わすのではなく、行為や動作を表わす場合を考えてみましょう。次の例を見てください。

(5)　　*On the snow-capped summit of the mountain **sneezed** a man bundled in layers of heavy woolen clothing.

「雪をかぶった山の頂上で、厚手のウールの服を重ね着した男がくしゃみをした。」

(6) a. In the gym **ran** most of the track team, avoiding the impossible weather outside.
「体育館で陸上競技チームの選手のほとんどが、外の悪天候を避けて走っていた。」

b. In the wide estuary **swam** a large number of mermaids.
「広い入り江で多くの人魚が泳いでいた。」

c. Down in the hot and muddy ditch **toiled** a gang of indentured laborers.
「暑くてどろだらけの用水路の奥深くで、年季奉公の労働者の一団が働いていた。」

(5) の動詞 sneeze と (6a-c) の動詞 run, swim, toil は、いずれも主語指示物の行為、動作を表わす動詞です。しかし、くしゃみをするのは、通例、一瞬で終わってしまう動作です。そのため (5) は、雪をかぶった山の頂上で厚手のウールの服を重ね着した男がどうしたか、あるいはその男に何が起こったかを述べていると解釈されます。他方、陸上競技の選手たちが体育館で走ったり、人魚が広い入り江で泳いだり、労働者が用水路で働くのは、一定の時間を必要とする継続的行為、動作です。そのため (6a-c) では、観察者の眼前で（つまり、体育館や入り江、用水路で）陸上競技の選手たちが走ったり、人魚が泳いだり、労働者が働いている動作が進行中で、継続していると解釈されます。そのため、これらの文は、「体育館に走っている陸上競技の選手たちがいた」、「広い入り江に泳いでいる人魚がいた」、「暑くて泥だらけの用水路に働いている労働者の一団がいた」というように、提示された場面に主語指示物がある動作をしながら存在していたことを表わす文

として解釈されます。言い換えれば、これらの文は、In the gym **were** most of the track team, while running. とか、In the wide estuary there **were** a large number of mermaids swimming around. のように言い換えられます。これに対し (5) は、On the snow-capped summit of the mountain there **was** a man bundled in layers of heavy woolen clothing, (while) sneezing. と言い換えることができません。なぜなら、くしゃみをするのが一瞬の動作であるため、(5) を問題の男の存在を表わす文と解釈するためには、その男が継続的にくしゃみをし続けていたと想定しなければならず、そのような状況はきわめて特殊な文脈がない限りあり得ないからです。(5) の不適格性と (6a-c) の適格性は、このような違いのためであると考えられます。

In the wide estuary **swam** a large number of mermaids. (=6b)

(6a-c) と同様の事柄が、次のような例にもあてはまります。

(7) a. In the ballroom **danced** a dozen Scottish boys and girls.
   b. Around the fire **chattered** and **sang** many girls and boys wearing their native costumes.
   c. On the grass under the apple tree **dozed** the old man and his

son.（=1b）

ダンスをしたり、おしゃべりをしたり、歌を歌ったり、居眠りをしたりする行為、動作は、ある一定の時間を必要とする<u>継続的行為、動作</u>です。そのため (7a-c) は、「ダンスホールで踊っている 12 人のスコットランドの少年少女が<u>いた</u>」、「火の周りで民族衣装をまとって、おしゃべりをしたり、歌を歌っている多くの少年少女が<u>いた</u>」、「りんごの木の下の草むらで、その老人と息子がうとうとと居眠りを<u>していた</u>」と解釈され、場所句で設定された場面（観察者が眺めている場面）での主語指示物の存在を表わす文として解釈されるので、適格になると考えられます。

場所句倒置文は、動詞が進行形で用いられると適格文になりやすくなります。次の例を見てください。

(8) a. *At the supermarket on Main St. **shop** local residents.（=2c）
    b. At the supermarket on Main St. **were shopping** several newly arrived Somali immigrants.
(9) a. *In the admissions office **complained** many disgruntled students.
    b. In the admissions office **were complaining** many disgruntled students.

(8a) は、動詞 shop が単純現在形ですから、メインストリートのスーパーマーケットで地域の住人が買物をするという、習慣的行為を述べる解釈しか受け得ません。つまり、場所句倒置文に必要な、「継続的動作が観察者の眼前で行なわれている」という解釈を受け得ないので、不適格文と判断されます。それに対し (8b) は、shop が進行形になり、新たに到着したソマリア出身の移民がスー

パーマーケットで買物をしている動作が、観察者の眼前で継続している様子を述べています。そのためこの文は、そのスーパーマーケットに買物をしているソマリアからの移民がいたという、移民の存在を表わす文として解釈されます。

次に (9a) では、不平を言うのが、多少の時間を必要とするものの、complain が単純過去形で用いられると、「不平を言った」という意味で解釈され、この文は、入学課で学生が何をしたかを記述する文として解釈されやすくなります。一方 (9b) では、were complaining となり、「不平を言っていた」という意味になって、入学課で不平を言っている学生がいたことが、観察者によって観察されていることが分かります。よってこの文は、入学課での不満のある学生の存在を表わす文として解釈され、適格になると考えられます。

さらに、次のような文の適格性の違いについて考えてみましょう。

(10) a. *On the corner **smoked** a woman. (=2b)
    b. ??On the corner **was smoking** a woman.

タバコを吸うのは、(9a) の complain（不平を言う）と同様に、多少の時間を必要とするものの、smoked が単純過去形で用いられると、「タバコを吸った」という意味で解釈され、(10a) は、角で女性が何をしたかを記述する文として解釈されやすくなります。しかし、(10a) が (10b) のように進行形で用いられると、「タバコを吸っていた」というように、女性の継続的動作が示され、角にタバコを吸っている女性がいたという、女性の角での存在を表わす文として解釈されます。よって (10b) は、(10a) より適格性が若干高くなります。

しかし、それでもなお（10b）の文の適格性が低いのはなぜでしょうか。それは、設定された場面で導入される主語指示物は、聞き手（読み手）の注意、注目を引く表現でなければならないためだと考えられます。つまり、（10a, b）の a woman は、あまりにありきたりで、情報価値が低く、意味内容が薄いために、聞き手の注目を引くには不十分であるためだと考えられます。そのため、（10b）の a woman を次の（11a）のように a woman wearing a red headband and dark sunglasses にしたり、（11b）のように a dozen townspeople にすれば、主語の情報価値が上がり、発話する価値のある文となり、聞き手の注目を引くことになるので、適格性が高くなります。そして、主語が聞き手の注目を引く表現であるためには、通例、その主語が a woman のように短い（軽い）ものではなく、情報性が高くて長い（重い）名詞句になるのが一般的です。

(11) a. On the corner was smoking **a woman wearing a red headband and dark sunglasses**.
　　b. In the basement of the communal hall were smoking **a dozen townspeople**.

同様のことが、次の文の適格性の違いについても言えます。

(12) a. *On the corner was drinking **a woman**.
　　b. In the saloon were drinking **several cowboys with guns on their hips**.

角でひとりの女性がお酒を飲んでいても、それは聞き手（読み手）の注意、注目を引きませんが、酒場で腰に銃を持った数人のカウ

ボーイがお酒を飲んでいるのは、聞き手（読み手）の注意、注目を引くため、このような適格性の違いが生じると考えられます（(8a) の不適格文の主語が local residents なのに対し、(8b) の適格文の主語が several newly arrived Somali immigrants であるということも、これら2文の適格性の違いの一因となっています）。

以上の考察から、次の仮説を暫定的に立てることができます。

(13) **場所句倒置文に課される機能的制約**：場所句倒置文は、設定された場面に聞き手（読み手）の注意、注目を引く主語指示物が存在している／存在していたという、観察者（話し手）の観察を表わす文として解釈される場合に適格となる。

ここで、場所句倒置文がどういう場合に主語指示物の存在を表わす文として解釈できるかをまとめると、次のようになります。

(14) a. 設定された場面に主語指示物がいる／あるという、主語指示物の「継続的状態」が観察される場合（(3a, b) 等）
b. 設定された場面で主語指示物が「継続的動作」を行なっていることが観察される場合（(6a-c), (7a-c) 等）

(13) の制約から分かるように、場所句倒置文は、文頭の場所句でまず一定の場面を導入し、次にその場面に誰がいるか（何があるか）を示す構文です。この点は、たとえば、映画やドラマの始まりのシーンを思い浮かべると理解しやすいと思われます。ある設定された場面にまずスポットが当たり、次にそこで誰かがある継続的動作をしながら、その場面にいるのが映し出されることが多くありますが、場所句倒置文は、ちょうどこのようなシーン

の導入に該当すると考えられます。そのため、場所句倒置文は、物語などの書き言葉で多く用いられ、情緒的表現の響きがあります。そしてこの構文は、設定された場面に誰がいるか（何があるか）を示すため、導入される主語名詞句の指示物は、聞き手（読み手）の注意、注目を引くものとなります。

（13）の制約は、次のような文の対比も説明できます。

(15) a. In the nursery **cooed** half a dozen newborn babies.
「育児室で6人の新生児がクークーと声をあげていた。」
b. *In the nursery **smiled** half a dozen newborn babies. (=2d)
「育児室で6人の新生児が微笑んだ。」

新生児が次々にクークーと言う声は、話し手が新生児を1人ひとり見つめていなくても聞こえ、連続音、連続体として知覚されます。つまり、(15a) は、観察者の眼前で新生児の継続的動作が連続していることが分かります。そのため、この文は、育児室にクークーと次から次へ声をあげている6人の新生児がいたと解釈されます。よって、この文は仮説（13）を満たして、適格となります。一方、新生児が1人ひとり微笑むのは、話し手がその新生児を見つめていないと分かりませんから、1人が微笑み終わって、別の1人が微笑んで、次の新生児が微笑み出して、というような連続体を知覚するのが、新生児がクークーと声をあげる場合よりはるかに困難です。したがって、(15b) は、育児室で新生児が継続的動作をしているとは解釈できず、新生児が単に何をしたかの記述として解釈されます。よって（13）の制約が満たされず、不適格となります。

最後に次の文を見てみましょう。

(16) a. *On the streets of Chicago **melted** a lot of snow.（Levin & Rappaport Hovav 1995: 224）

b. Meanwhile, on the streets of Chicago **were melting** piles of snow that would raise the level of Lake Michigan to levels not seen since the terrible spring of 1938.

「その間、シカゴの道路では、ミシガン湖の水位を1938年の悲惨な春以降見ることがなかったくらいまで引き上げるような大量の雪が溶けつつあった。」

Melt のような状態変化動詞が、何ら文脈のない状況で用いられると、その主語指示物にどのような状態変化が起きたか、何が起こったかが文の焦点（つまり、聞き手に最も伝達したい事柄）として述べられていると解釈されます。そのため、(16a) では、シカゴの通りでたくさんの雪がどうしたか、という主語指示物の状態変化を述べる文として解釈され、観察者の眼前での継続的事象としては解釈されません。また、主語が a lot of snow で、聞き手の注目を引く表現ではありません。よって、(16a) は (13) の制約を満たさず、不適格です。

これに対して (16b) では、動詞が were melting と進行形になっており、雪が溶けていく継続的状況が述べられており、私たちはそのような継続的状況を観察することができます。また、主語が「重く」て長く、聞き手の注目を引くものになっています。そのため (16b) は、シカゴの通りで溶けていく雪が<u>あった</u>という雪の存在を表わす文として解釈されます。このような理由により、(16b) は (13) の制約を満たして、適格であると説明されます（【付記1】参照）。

● 観察者が観察している場面への主語指示物の出現

次の対比を見てみましょう。

(17) a. ***In** the room **ran** John.
　　b. **Into** the room **ran** John.
(18) a. ***On** the sidewalk **fell** the child.
　　b. **Onto** the sidewalk **fell** the child.

John ran in the room., The child fell on the sidewalk. のような基本語順の文は、もちろん適格ですが、これらに対応する倒置文（17a），（18a）は、不適格です。まず、これらの文がどうして不適格なのか考えてみましょう。(17a) の動詞 run は、(6a)（=In the gym **ran** most of the truck team, avoiding the impossible weather outside.）の動詞 run と同様に、「ジョンが、走るという<u>継続的行為をしながら部屋にいた</u>」と解釈され、適格ではないかと思われる読者の方が多いかも知れません。しかし、(17a) の場所句 in the room は、(6a) の場所句 in the gym のように、走り続けるという継続的行為が行なわれやすい場所ではなく、そのような行為には適さない狭い場所です。そのため、(17a) は、ジョンが部屋で「走った」という一瞬の行為として解釈されやすくなるため、不適格と判断されます。つまり、主語指示物の存在を表わす動作は、継続的なものでなければいけません。(18a) が不適格なのも同様で、fall が「転ぶ」という瞬間的動作を表わすため、子供の歩道での存在を表わす文としては解釈されないためです。

これに対し、(17b)，(18b) はまったく自然な適格文です。この適格性は、これらの文が、観察者が観察している場面へ主語指示物が別の所から移動し、その結果、その場面へ「出現」したこと

を示しているためだと考えられます。そして、主語指示物の出現は、存在とは違って、瞬間的行為、動作なので、動詞が fall のような継続性を必要としないものでも、まったく構いません。(17b) の場所句 into the room は方向を表わし、この文は、ジョンが、(観察者が観察している) 部屋の中へ入ってきたことを示しています (もう1つの解釈は、ジョンの「消滅」を表わすものですが、この点は次節で述べます)。また (18b) は、子供が歩道とは別の所にいたのが (例えば、車の中とか)、観察者が観察している歩道へ転げ落ちたこと (つまり、歩道への「出現」) を示しています。

Into the room ran John. (=17b)

上記の点は、次のような文の対比によって裏づけられます。

(19) a. ***Onto the ground spit** a few sailors. (=2a)

  b. **Onto the ground fell** a few leaves of the oak tree.

(20) a. ***Toward the people gathering in the square shouted / yelled** a burly police officer.
「広場に集まっている人達の方に向かって、身体の大きな警官が叫んだ／大声をあげた。」

  b. **Toward the people gathering in the square walked** a

burly police officer.

「広場に集まっている人達の方へ身体の大きな警官が歩いてきた。」

(19), (20) の文頭の場所句 onto the ground, toward the people gathering in the square は、どちらも方向を表わしていますが、(a) 文は不適格で、(b) 文は適格です。この違いは、前者の動詞 spit, shout, yell が、いずれも行為・動作動詞であるのに対し、後者の動詞 fall, walk が、どちらも移動動詞であり、それゆえ前者では、文頭の場所句で示された場面（つまり、観察者が観察している場面）へ主語指示物が移動していないのに対し、後者では移動した結果、その場面へ主語指示物が「出現」しているためだと考えられます。(19a) は、地面へ船乗りがつばを吐いたという（瞬時的）行為を表わすだけで、つばが移動するだけで、船乗りはまったく移動しておらず、たとえば、部屋の中にいて、その部屋の窓から地面へつばを吐いたのかもしれません。つまり、船乗りは、観察者が観察している地面へ出現していません。それに対し(19b)は、にれの木の葉っぱが落ちて地面へと移動し、地面に「出現」しています。同様に、(20a) では警官が人々の方へ叫んだだけで、その人々の方へ移動したり出現したりしていませんが、(20b) では、警官がその人々の方へ歩いて移動し、出現することになります。

これまでの例では、文頭の場所句で示された場面は、取りも直さず、観察者（話し手）が観察している場面でしたが、両者が別々で、主語指示物が、文頭の場所句で示された場面から、観察者（話し手）が観察している（文中では示されていないが話題となっている）場面へ出現する場合もあります。次の例を見てみましょう。

(21) a. **From** the mansion **appeared** an old man with a stick. (=1f)

b. **From** the pipes **leaked** water and oil.
(22) a. **Out of** a hidden crack in the cliff **flew** a steady stream of bats.
   b. **Out of** a hidden doorway **walked** the girl with the golden hair.
   c. We had finished our work and were just about to leave, when **out of** a closet **walked** John.
   「私たちが仕事を終え、帰ろうとしていたちょうどそのとき、クローゼットからジョンが歩いて入ってきた。」

(21a) は、杖をついた老人が、文頭で示された大邸宅から観察者が観察している場面へ出現したことを示しています。また (21b) は、パイプから水とオイルが漏れ出てきて、観察者がそれを観察したことになります。さらに (22a) では、がけの裂け目からコウモリの群れが飛び出してきて、観察者（話し手）の目の前に現われたと解釈されます。他の例でも同様のことが言えます。

From the mansion appeared an old man with a stick.　(=21a)

観察者が観察している場面からの主語指示物の消滅

場所句倒置文にはさらに、文頭で示された場面が、観察者が観察している場面で、主語指示物がそこから「消滅」したことを示す場合もあります。次の例を見てみましょう。

(23) a. From the waterhole **disappeared** every animal that had been drinking or waiting to drink.

b. From the station **disappeared** every scrap of evidence that had been painstakingly gathered over the preceding week.

(24) a. From the dresser had **vanished** two rings left me by my mother.
「ドレッサーから母が私に残してくれた2つの指輪がなくなっていた。」

b. From the safe had **disappeared** two diamond rings that her ex-husband had given her.
「金庫から、彼女の前の夫が彼女にくれた2つのダイヤモンドの指輪が消えていた。」

これらの文では、文頭で示された場面（つまり、水たまりや駅、ドレッサーや金庫）が、観察者（話し手）が観察している場面です。そして、動詞 disappear, vanish から分かるように、主語指示物がその場所から移動して、消えてしまった（（い）なくなった）ことが示されています。

観察者が観察している場面から主語指示物が消滅する場合には、文頭の場所句が表わす場面と観察者が観察している場面が異なり、主語指示物が後者から前者へと消えていく場合もあります。次の例を見てください。

(25) a. Into the woods **disappeared** the young moose we had seen grazing by the road, before we could get a picture of it.
（消滅）
「道のそばで草を食べているのを私たちが見かけた若いムースが、私たちが写真を撮る前に、森の中へ消えていってしまった。」
   b. Into the building **ran** a couple of newspaper reporters.
（出現／消滅）

(25a) は、動詞が disappear のため、観察者が観察している場面にいたムース（アメリカヘラジカ）が、文頭の場所句が示す「森の中へ」消えていったことを表わしています。一方 (25b) は、観察者（話し手）がビルの中にいたとすれば、そのビルの中へ2人の新聞記者が入ってきたという意味になり、観察者が観察している場面（=into the building）への新聞記者の出現を表わします。他方、観察者（話し手）がビルの外にいたとすれば、観察者が観察している場面は、この文には示されていないビルの外であり、そこからビルの中へ新聞記者が入っていったという意味になります。つまりこの場合は、新聞記者が、観察者が観察している場面から（ビルの中へと）消えていったことを表わします。そしてこの文は、どちらの意味でも適格です（(17b) も参照）。

以上から、先に提示した (13) の仮説と前節、本節での考察を合わせ、場所句倒置文の適格性に関して、次の制約を立てることができます。

(26) **場所句倒置文に課される機能的制約**：場所句倒置文は、観察者（話し手）が観察している場面での、聞き手（読み手）の注意、注目を引く主語指示物の存在、あるいは、

そのような主語指示物のその場面への出現やその場面からの消滅を表わす文として解釈される場合に適格となる。

この制約によって、本章で観察したすべての例の適格性が捉えられることになります（【付記2】参照）。

● 結び

本章では、英語の場所句倒置文がどのような条件のもとで適格となるかを考察しました。そして、観察者（話し手）が観察している場面での主語指示物の存在、および、その場面への／からの主語指示物の出現・消滅が、この構文の適格性の重要な要因であることを示し、前節最後の（26）の制約を提示しました。

二重目的語構文と「所有」の意味　第10章

● はじめに

みなさんは、(1a) のような二重目的語構文と、それを to を用いて書き換えた (1b) の構文との間に、(2) のような意味の違いがあるのをご存知でしょうか。

(1) a. Mary **taught** that boy English.
    b. Mary **taught** English to that boy.

> (2) (1a) は、メアリーがその少年に英語を教えた結果、その少年が英語を学んだ (習得した) ことを表わすが、(1b) は、メアリーがその少年に英語を教えたと述べるだけで、その少年が英語を習得したかどうかまでは分からない。

次の例でも、同様の違いが観察されます。

(3) a. The pitcher **threw** the shortstop the ball.
    b. The pitcher **threw** the ball to the shortstop.
(4) a. I **kicked** Mary the ball.
    b. I **kicked** the ball to Mary.

(3a)の二重目的語構文では、ピッチャーがショート（を守る選手）にボールを投げた結果、ショートがそのボールを受け取っていると解釈されます。一方、(3b)のtoを用いた構文では、ピッチャーがボールをショートに投げただけで、ショートがそのボールを受け取ったかどうかまでは分かりません。同様に（4a）の二重目的語構文では、話し手の蹴ったボールがメアリーに届き、メアリーがそのボールを受け取っていると解釈されます。一方、(4b)のtoを用いた構文では、話し手の蹴ったボールはメアリーに届いていないかもしれませんし、メアリーがそのボールを必ずしも受け取っているとは限りません。なぜ、二重目的語構文とtoを用いた構文で、このような意味の違いがあるのでしょうか。

● これまでの説明とその問題点

　二重目的語構文とtoを用いた構文で、動詞が過去形の場合に見られる上のような意味の違いは、1970年代頃から指摘され、1980年代以降も、生成文法、認知文法、構文文法と呼ばれるような文法理論を提唱する多くの人たちによって言われ続けています【付記1】参照）。そのため日本でも、このような違いが広く紹介され（たとえば池上（1995: 87-88; 2006: 79）を参照）、『ジーニアス英和辞典』（大修館書店2006、第4版）や『アドバンスト・フェイバリット英和辞典』（東京書籍2002）など、辞書にも記載されています。そして、二重目的語構文とtoを用いた構文が表わす意味は異なり、それぞれが次のように一般化されると提唱されるようになりました（【付記2】参照）。

(5) 二重目的語構文：X CAUSES Y to RECEIVE/HAVE Z
　　例：The pitcher threw the shortstop the ball. (=3a)
　　　　　　X　　　　　　　　Y　　　　　Z
(6) to を用いた構文：X CAUSES Y to MOVE/GO TOWARD Z
　　【付記３】参照）
　　例：The pitcher threw the ball to the shortstop. (=3b)
　　　　　　X　　　　　　　Y　　　　　　Z

　(5)の二重目的語構文は、間接目的語（Y）が「受領者」（recipient）となり、直接目的語（Z）を受け取ったり（RECEIVE）、所有（HAVE）したりすることを表わすのに対し、(6)の to を用いた構文は、目的語（Y）が着点（goal = Z）のほうへ（ある経路をたどって）移動する（MOVE/GO TOWARD）ことのみを表わしています。したがって、(5)の例では、ピッチャーがショートにボールを投げた結果、ショートがそのボールを受け取っているのに対し、(6)の例では、ピッチャーがボールをショートのほうへ投げただけで、ショートがそのボールを受け取ったかどうかまでは示していないことになります。

　ここで、(5)、(6)の一般化について、もう少し詳しく述べておきます。(5)の 'X CAUSES Y to RECEIVE/HAVE Z' と (6)の 'X CAUSES Y to MOVE/GO TOWARD Z' は、当然のことながら、これまで見た動詞 teach, throw, kick のみに適用するのではなく、二重目的語構文とそれが to で言い換えられる構文に現われるすべての動詞に当てはまるとされています。そして、受領（RECEIVE）や所有（HAVE）、移動（MOVE/GO TOWARD）は、人がボールを文字通り受け取ったり、ボールが文字通りどこかに動くという、物理的な受領や所有、移動を表わすだけでなく、人が他の人や書物から知識や情報を得たり、知識や情報がどこかに移動するという、抽象

的な受領や所有、移動も表わしていると考えられています。

さて、上記のような説明によると、(1), (3), (4) で見られた二重目的語構文と to を用いた構文の意味の違いは、いつでも観察されると予測されます。しかし、次の文を見てみましょう。

(7) a. John **sold** Mary his big dictionary.
　　b. John **sold** his big dictionary to Mary.
(8) a. Mary **showed** her mother the photograph.
　　b. Mary **showed** the photograph to her mother.

(7) では、ジョンがメアリーに彼の大きな辞書を売った結果、メアリーがその辞書を受け取り、所有しているという解釈が、二重目的語構文の (7a) だけでなく、to を用いた構文の (7b) にもあります。同様に、(8a) だけでなく (8b) でも、メアリーが母親に写真を見せた結果、母親がその写真を見ていると解釈されます。(1), (3), (4) と (7), (8) でなぜこのような違いが生じるのでしょうか。

さらに不思議なことに、次のような文では、(7), (8) で観察されたような解釈が、二重目的語構文にも to を用いた構文にも見られません。

(9) a. John **sent** Susan a letter.
　　b. John **sent** a letter to Susan.
(10) a. I **wrote** Mary a letter.
　　b. I **wrote** a letter to Mary.

(9) ではどちらの文でも、ジョンが送った手紙をスーザンが受け取っているとまでは言っていません。同様に、(10) はどちらの

構文でも、話し手がメアリーに手紙を書いたものの、メアリーがその手紙を受け取ったということまでは意味しません。したがって、本節冒頭で紹介したような説明は、teach や throw, kick のような動詞を用いた二重目的語構文と to を用いた構文には当てはまるものの、すべての場合に適用するわけではなく、妥当でないことが分かります。

本節では、二重目的語構文と to を用いた構文で、ある人が別の人に何かを教えたり、投げたり、売ったり、送ったりした結果、その人がそれを「受領」や「所有」しているという解釈があるかどうかを見ました。そして、従来の説明は、部分的には正しいものの、多くの反例があり、適切ではないことも見ました。この「受領」や「所有」の解釈が、(1), (3), (4) では、二重目的語構文のみにあり、(7), (8) では、どちらの構文にもあり、逆に (9), (10) では、どちらの構文にもないのは、いったいなぜでしょうか。本章ではこの謎を解きたいと思います。

● 動詞の目的語と前置詞の目的語の違い

英語では、ひとつの同じ動詞が、目的語を伴う他動詞としても、前置詞句を伴ったりして、自動詞としても用いられる場合があります。次の例を見てみましょう。

(11) a. He swam the river. ［他動詞］
    b. He swam **in** the river. ［自動詞］
(12) a. He prepared the exam. ［他動詞］
    b. He prepared **for** the exam. ［自動詞］

(11a) では、the river が動詞 swam の直接目的語で、動詞と隣接

していますが、(11b) では、前置詞の in が入り、動詞と the river が隣接していません。ここで、(11a) は、「彼は川を<u>泳いで渡った</u>」（あるいは、「川を上流から下流へ（下流から上流へ）かなりの距離を泳いだ」）という意味ですが、(11b) は、「彼は川（のどこか一部）<u>で泳いだ</u>」という意味です。そのため、動詞に隣接する目的語のほうが、前置詞の目的語より、動詞の表わす行為の影響をより強く受けていると言えます。同じことが (12a, b) についても言えます。(12a) は、「彼は試験問題を作った（準備した）」という意味ですが、(12b) は、「彼は試験勉強をした（試験に備えて勉強した）」という意味です。試験問題は、<u>作られる</u>ことのほうが、人がそれに<u>備えて勉強する</u>ことよりも、「準備する」という行為の影響をより強く受けていると言えます。

さらに次の例を見てみましょう。

(13) a. The hunter shot the tiger.［他動詞］
　　 b. The hunter shot **at** the tiger.［自動詞］
(14) a. He only caught a straw.［他動詞］
　　 b. A drowning man will catch **at** a straw.［自動詞］
　　　「おぼれる者はわらをもつかむ。」（ことわざ）
(15) a. I know him very well.［他動詞］
　　 b. I know **of** him, but I've never met him.［自動詞］

(13a) の他動詞構文では、ハンターが虎を撃ち、その弾が虎に当たっていますが、(13b) の自動詞構文では、ハンターが虎を狙って撃っただけで、その弾が虎に当たったかどうかは分かりません。つまり、the tiger が動詞の目的語であるほうが、前置詞の目的語であるより、「撃つ」という行為の影響をより強く受けていると言えます。同様に (14a) では、彼がわらを実際につかんで

いるのに対し、(14b) では、おぼれる者がわらでも何でもつかもうとするだけで、実際につかめるかどうかは分かりません。さらに、(15a) の know him は、彼のことを直接知っている、面識がある、という意味ですが、(15b) の know **of** him は、彼のことを間接的に知っている、彼のことを聞いている、という意味です。したがって、これら (14a, b), (15a, b) の例からも、次のような一般化が成立することが分かります。

(16) 同じ動詞が、同じ名詞句とともに、他動詞構文の「動詞＋目的語（名詞句）」にも、自動詞構文の「動詞＋前置詞＋目的語（名詞句）」にも現われ得る場合、動詞に隣接する目的語のほうが、動詞と離れた前置詞の目的語より、動詞の表わす行為の影響をより強く受けていると解釈される。

● 二重目的語構文と to を用いた構文の違い

それでは (16) を踏まえて、次の文を考えてみましょう。

(3) a. The pitcher **threw the shortstop** the ball.
 b. The pitcher **threw** the ball to **the shortstop**.

(3a) の二重目的語構文では、the shortstop が動詞 threw に隣接する間接目的語ですが、(3b) の to を用いた構文では、the shortstop が動詞から離れて、前置詞 to の目的語です。そのため (16) の一般化から、(3a) の the shortstop のほうが (3b) の the shortstop より、ピッチャーがボールを投げるという行為の影響をより強く受けていると考えられます。

それでは、具体的にどのような影響でしょうか。ある人が別の人にボールを投げて、相手に何らかの影響を及ぼすという場合、投げたボールが相手に届かなかったり、相手がそのボールをそらしてしまったら、相手はボールを投げてもらっても、何の影響もなかったことになります。したがって、投げられたボールがまず自分に届き、そしてそのボールをちゃんと受け取ることで、ボールを投げてもらったことの影響があると考えられます。そして相手は、そのボールが自分に届くことよりも、その届いたボールを自分がちゃんと受け取ることのほうが、自分にボールを投げられたことの影響をより強く受けていると言えます。この点から、二重目的語構文と to を用いた構文の表わす意味を、それぞれ次のように考えてみましょう。

(17) a. The pitcher threw **the shortstop** the ball.［二重目的語構文］
　　　　 X　　　　　　 Y　　　　　　Z　　　　　　　(=3a)
　　b. 二重目的語構文：X が当該の行為を行なって、Y が Z を「受領／所有」するようにする。

(18) a. The pitcher threw the ball to **the shortstop**. ［to を用いた
　　　　 X　　　　　　　Z　　　　　Y　　　　構文］(=3b)
　　b. **to を用いた構文**：X が当該の行為を行なって、Z が Y に届くようにする。

二重目的語構文は、主語指示物（X）が間接目的語の指示物（Y）の方向に直接目的語の指示物（Z）についての当該の（動詞の表わす）行為を行なって、Y が Z を受け取ったり、所有するようにし、一方、to を用いた構文は、主語指示物（X）が前置詞の目的語指示物（Y）の方向に直接目的語の指示物（Z）についての

当該の（動詞の表わす）行為を行なって、ZがYに届くようにする、という意味を表わします。この点で2つの構文は、その表わす意味が若干違っているということになります。そしてこの違いは、二重目的語構文では、Yが動詞に隣接しているのに対し、toを用いた構文では、Yが動詞から離れ、到着点を表わす前置詞toの目的語であるという、両構文の形式の違いに起因しています。

ここで両構文は、YがZを実際に受領／所有するとか、ZがYに実際に届くということまでは意味しないということに注意が必要です。主語指示物が当該の行為を行なって、そうなるようにするというだけで、実際に受領／所有や到着の意味が生じるかどうかは、動詞の時制や動詞の種類、さらに次節以降で述べる私たちの社会常識によって異なります。上で観察した例文は、動詞がすべて過去形ですが、次のように未来表現になると、受領／所有や到着が意図されているだけなのは明白で、実際にショートがボールを受け取ったり、ボールがショートに届くかどうかは分かりません。

(19) a.　The pitcher **will** throw the shortstop the ball.
　　 b.　The pitcher **will** throw the ball to the shortstop.

二重目的語構文は、間接目的語指示物が直接目的語指示物を「受領／所有」するように、主語指示物が当該の行為を行なうという考え方は、次のような対比から裏づけられると考えられます。

(20) a.　The pitcher threw **the shortstop** the ball. (=3a)
　　 b.　*The pitcher threw **the fence/third base** the ball.

ピッチャーがボールをショートに投げたことを表わす (20a) は適格ですが、ボールをフェンスや三塁ベースに投げたことを表わす (20b) は不適格です。これは、人の場合は、投げられたボールが自分に届き、それを受け取る（所有する）ことで、その人はそのボールの受領者（所有者）になると考えられますが、フェンスや三塁ベースは無生物なので、ボールを受け取る受領者（所有者）にはなれないからです。一方、(20a, b) を to を用いた構文にすると、次のようにどちらも適格です。

(21) a. The pitcher threw the ball to **the shortstop**. (=3b)
b. The pitcher threw the ball to **the fence/third base**.

これは、to を用いた構文が、ボールを投げてある所に届くようにすることを表わし、その到着点は、人間でも無生物でも構わないからです（【付記4】参照）。

次節へ移る前に、(17b), (18b) の一般化について、もう少し詳しく述べておきます。これらの一般化は、当然のことながら、(17a), (18a) の動詞 throw のみに適用するのではなく、二重目的語構文とそれが to で言い換えられる構文に現われるすべての動詞に当てはまります。そして、受領や所有、到着は、人がボールを文字通り受け取ったり、ボールが文字通りどこかに到達するという、物理的な受領や所有、到着（到達）を表わすだけでなく、人が他の人や書物から知識や情報を得たり、知識や情報がどこかに到達するという、抽象的な受領や所有、到達も表わします。

● 「授与動詞」はどちらの構文でも「所有」の解釈あり

二重目的語構文と to を用いた構文に現われる動詞に、「授与動

詞」と呼ばれる次のような動詞があります。

(22) 授与動詞：give, hand（手渡す）、pass（手渡す／取る）、sell, lend, loan, rent など。

これらの動詞は、ある人が別の人に（お金を取るか取らないかにかかわらず）何かを「授け与える」という点で共通しています。そして、ある人が別の人に何かをあげたり、手渡したり、取ってあげれば、相手は当然、それを受け取っています。また、ある人が別の人に何かを売ったり、貸したりすれば、相手は当然、それを受け取っています。つまり、これらの動詞は、本来的に、ある人（X）と別の人（Y）が同じ場所でお互い手の届く範囲にいて、ある物（Z）がXからYに「授与」されることを表わしています。

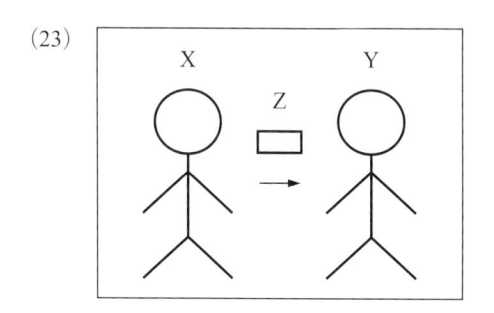

(23)

そのため、これらの動詞が過去形で用いられると、Yは必然的にZを受け取っていることになります。したがって、これらの授与動詞が過去形で用いられると、二重目的語構文だけでなく、to を用いた構文でも、YはZを「受領／所有」していると解釈されます。

この点が正しいことは、次のように、二重目的語構文と to を

用いた構文の後に、YがZを受け取っていないという文を続けると、どちらの場合も不適格で、意味が矛盾する文になってしまうことから明らかです。

(24) a. *I **gave** Mary some flowers, but she never got them.
  b. *I **gave** some flowers to Mary, but she never got them.
(25) a. *John **handed** Mary a ticket, but she never got it.
  b. *John **handed** a ticket to Mary, but she never got it.
(26) a. *John **sold** Mary his big dictionary, but she never got it.
  b. *John **sold** his big dictionary to Mary, but she never got it.
(27) a. *John **lent/loaned** Mary some money for a new car, but she never got it.
  b. *John **lent/loaned** some money to Mary for a new car, but she never got it.

(24)–(27)の不適格性から、二重目的語構文とtoを用いた構文に授与動詞が過去形で用いられると、どちらの構文でも、義務的に「受領／所有」の解釈があることが分かります。

前節で述べたように、二重目的語構文は、その構文自体が、YがZの「受領／所有」を示唆し、そして授与動詞の場合は、当該の行為が、(23)の図に示したように、XとYが同じ場所でお互い手の届く範囲にいて行なわれるので、受領や所有を打ち消すような状況が頭に浮かびません。つまり、授与動詞が過去形で二重目的語構文に用いられると、二重目的語構文の持つ(17b)の意味が、授与行為の常識的、一般的理解によって現実化し、強化されて、「受領／所有」の解釈が普通義務的に存在することになります。他方、toを用いた構文は、ZがYに届くことを示唆するだけで、YがZを受け取ることまでは意味しません。したがっ

て、(24)–(27) の (b) で「受領／所有」の解釈が生じるのは、to を用いた構文自体の意味とは無関係で、与える人と与えられる人がお互いに手の届くところで行なわれる授与行為の常識的、一般的理解（すなわち、手の届くところで授与者が被授与物が被授与者に届くよう授与行為を行なえば、授与物は間違いなく被授与者に届いて、被授与者は、被授与物を所有することになる、という常識的、一般的理解）に全面的に依存している、ということになります。

これで、本章冒頭で示した (7a, b)（以下に再録）では、ジョンがメアリーに辞書を売った結果、メアリーがその辞書を受け取り、所有しているという解釈がどちらの文にも存在し、そしてまたなぜ存在するかが分かりました。

(7) a. John **sold** Mary his big dictionary.
　　 b. John **sold** his big dictionary to Mary.

ここで少し余談ですが、『アドバンスト・フェイバリット英和辞典』（東京書籍 2002）の give の「語法」欄に次の記述があります。

(28) 過去形で I gave her flowers. のようにすると、「彼女が花を受け取った」という意味が含まれるが、I gave the flowers to her. では、「受け取った」かどうかは分からない。

しかし、give の場合は teach などとは違って、to を用いた構文でも、相手が与えられた物を受け取っているため、(28) の後半部分の記述は、残念ながら間違いということになります。

● 「伝達動詞」(tell, show, read など) も「所有」の解釈あり

　ある人が別の人と同じ場所にいて、何かをその人に言ったり、見せたり、読んだりする場合も、相手は（寝ていたり、言葉が理解できなかったり、目が見えないというような特殊な場合を除けば）、普通、それを聞いたり、見たりしています。このような行為を表わし、二重目的語構文と to を用いた構文の両方に現われる英語の動詞は、「伝達動詞」と呼ばれる次のような動詞です。

(29) 伝達動詞：tell, show, read など。

これらの動詞は、ある人が別の人にある情報や物を「伝達」するという点で共通しています。そして、これらの伝達動詞が過去形で用いられた場合も、次に示すどちらの構文でも、相手はその情報や物を聞いたり、見たりして、「受領」していると解釈されます。

(30) a. John **told** Mary the news.
　　 b. John **told** the news to Mary.
(31) a. Mary **showed** her mother the photograph. (=8a)
　　 b. Mary **showed** the photograph to her mother. (=8b)
(32) a. John **read** his daughter a fairy tale.
　　 b. John **read** a fairy tale to his daughter.

　授与動詞の場合と同様、伝達動詞の二重目的語構文に「受領／所有」の解釈が義務的に生じるのは、「Y が Z を受領／所有することができるように、X が Y に Z を言ったり、見せたり、読んだりした」という二重目的語構文が持つ意味を打ち消すような状

況が普通頭に浮かばないという理由によります。他方、伝達動詞のtoを用いた構文に「受領／所有」の解釈が義務的に生じるのは、話したり読んだり、見せたりする人とその相手が<u>同じ場所にいるので</u>、話したり読んだり、見せたりしたものを、相手は普通、聞いたり見たりしている、という常識的知識によります。

しかし、(30)–(32) で、二重目的語構文自体は、すでに述べたように、実際にYがZを必ず受領／所有することまでは意味しませんから、受領／所有を打ち消して、実際にはYがZを受領／所有できなかったというような状況が考えられないわけではありません。たとえば、相手が目が見えなかったり、眠っていたりしていたというような<u>特殊な状況を想定</u>すれば、次のように「受領／所有」を打ち消すことができます。

(33) a. Mary **showed** her mother the photograph, but her **nearsighted** mother couldn't see it.
「メアリーは母にその写真を見せたが、近視の母はそれが見えなかった。」
b. Mary **showed** the photograph to her mother, but her **nearsighted** mother couldn't see it.

(34) a. John **read** his daughter a fairy tale, but she **fell asleep** in the middle.
「ジョンは娘におとぎ話を読んでやったが、娘は途中で寝てしまっていた。」
b. John **read** a fairy tale to his daughter, but she **fell asleep** in the middle.

この点は、たとえば前節で考察した授与動詞の sell などについても言え、次のような<u>特殊な文脈を想定</u>すれば、二重目的語構

文が示唆する「受領／所有」の意味は、実際には実現しなかったというキャンセル文を続けて打ち消すことができます（【付記5】参照）。

(35) a. The man **sold** Lauren a house, but she doesn't actually own it because it was **a scam**.（【付記6】参照）
「その男はローレンに家を売ったが、それは詐欺だったので、彼女は実際にはその家を所有していない。」
b. The man **sold** a house to Lauren, but she doesn't actually own it because it was **a scam**.

ただ、(33)–(35) のような例は特殊な状況を設定した場合のことであり、二重目的語構文と to を用いた構文のみが示されると、普通はこのような状況は頭に浮かびにくいので、授与動詞や伝達動詞が過去形で用いられると、「受領／所有」の解釈が二重目的語構文でも to を用いた構文でも生じるということになります。

● teach と「投与動詞」の場合

上で、授与動詞と伝達動詞が過去形で二重目的語構文と to を用いた構文に現われると、どちらの構文でも、「受領／所有」の解釈が（特殊な状況を想定しなければ）一般に得られることを見ました。これに対し、本章冒頭で、teach が過去形で用いられると、「受領／所有、習得」の解釈が二重目的語構文にはあるものの、to を用いた構文には必ずしも存在しないことを見ました。

(1) a. Mary **taught** that boy English.［習得の解釈あり］
b. Mary **taught** English to that boy.［習得の解釈不明］

Teach が表わす行為も、授与動詞や伝達動詞が表わす行為と同様に、通例、授与者と受取人が同じ場所にいて行なわれるのに、どうして teach の場合は、二重目的語構文にのみ「受領／所有、習得」の解釈があり、to を用いた構文にはないのでしょうか。

それは、次のような理由によります。人が誰かに何かをあげたり、手渡したり、取ってあげたり、売ったりする行為は、それが完了すれば、瞬時に、相手が、与えられたり、手渡されたり売られたものすべての所有者となりますが、人が誰かに何かを教える行為は、<u>相手が教えられたものをすべて「所有する」（つまり、習得する）とは限りません</u>。むしろ教えられたものの一部しか習得しないというのが普通の状態でしょうし、教えられたものを何も習得しないこともあり得ます。これは、二重目的語構文が使われようと to を用いた構文が使われようと、変わりない事実です。ただ、二重目的語構文が使われれば、構文自体が、「Y が Z を習得することができるように、X が Y に Z を教えた」という意味を持っていますから、これを打ち消すような特殊な状況を想定しない限り、X の意図が実際に実現したものとして解釈されます。つまり、習得の解釈が生じることになります。一方、to を用いた構文が使われれば、この構文自体には、「Y が Z を習得することができるように、X が Y に Z を教えた」というような意味がないので、「教えられたものが必ずしも習得されたとは限らない」という常識的解釈が優先されることになります。

同じことは、「投与動詞」と呼ばれる throw, kick, toss, pitch 等が過去形で用いられた場合にも言えます。私たちは本章冒頭の (3)、(4)（以下に再録）で、throw, kick が過去形で用いられると、teach の場合と同様、「受領／所有」の解釈が二重目的語構文にはあるものの、to を用いた構文には必ずしも存在しないことを見ました。

(3) a. The pitcher **threw** the shortstop the ball.［受領の解釈あり］
   b. The pitcher **threw** the ball to the shortstop.
   ［受領の解釈不明］
(4) a. I **kicked** Mary the ball.［受領の解釈あり］
   b. I **kicked** the ball to Mary.［受領の解釈不明］

Throw, kick, toss, pitch などの投与動詞が表わす行為は、投げる人と受け取る人が同じ場所にいて行なわれるものの、二人が離れている状況で行なわれる行為です。そのため、授与動詞の hand（手渡す）、pass（手渡す／取る）のように、二人が手の届く距離にいて行なわれる行為と大きく異なり、投げたものが受け取る人に必ず届くという保証がありません。ただ、二重目的語構文が使われると、構文自体が、「Y が Z を受け取ることができるように、X が Y に Z を投げた／蹴った」という意味を持っていますから、これを打ち消すような特殊な状況を想定しない限り、X の意図が実際に実現したものとして解釈されます。つまり、受領／所有の解釈が生じることになります。一方、to を用いた構文が使われれば、この構文には、X が Z を Y に投げて／蹴って、Y が Z を受け取るようにするというような意味がないので、「投げられた／蹴られたものを必ずしも受け取ったとは限らない」という常識的解釈が強くなります。

　上に示したように、授与動詞、伝達動詞、投与動詞、teach などの動詞が to を用いた構文に用いられたときに「受領／所有、習得」の解釈が生じるかどうかは、これらの動作が行なわれたときに意図された受領者が、与えられたもの、伝えられたもの、投げられたもの、教えられたものを確実に受領するかどうかについての、私たちの社会常識や百科事典的知識によって決まることになります。そして、同じ動詞が二重目的語構文に用いられたとき

には、「Xが当該の行為を行なって、YがZを受領／所有するようにする」という、構文が表わす意味が、そのような行為に伴う私たちの社会常識や百科事典的知識に強化されて、Xの意図が実現したものとして解釈されることになります。

● 物を送れば相手は必ず受け取るか？

二重目的語構文とtoを用いた構文に現われる動詞に、「送付動詞」と呼ばれる次のような動詞があります。

(36) 送付動詞：send, mail, forward, e-mail, ship, post, fax, fedex（フェデラルエクスプレスで送る）など。

これらの動詞は、人が誰かに何かを郵便やメール、ファックスなど様々な方法で送る（送り付ける）という点で共通しています。送付動詞で重要な点は、送る人と受け取る人が同じ場所にはいないという点です。

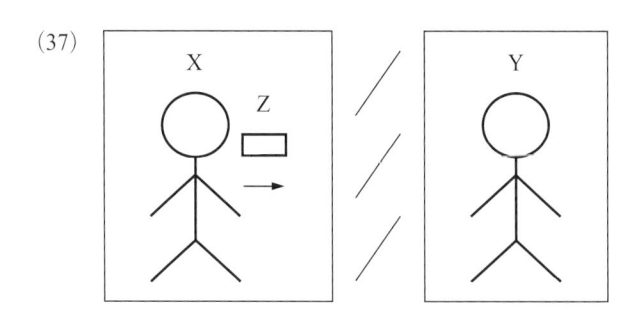

(37)

そのため、ある人が誰かに何かを送っても、郵便事情が悪かったり、相手が引っ越していたり、機械が故障していたりして、相手

に届かない場合が十分あり得ます。つまり、私たちはこのような経験的知識を社会常識として持っています。

この点を踏まえて、次の例を見てください。

(38) a. John **sent** Susan a letter. (=9a)
　　 b. John **sent** a letter to Susan. (=9b)
(39) a. Pat **faxed** Bill the letter.
　　 b. Pat **faxed** the letter to Bill.

ネイティヴスピーカーはみな一様に、これらの文はどれも、スーザンやビルがその手紙を受け取っているとまでは言っていないと答えます。(38a), (39a)で、二重目的語構文自体は、ジョンやパットが、スーザンやビルに手紙を送ったり、ファックスをして、スーザンやビルがそれを受け取るようにするという意味を表わしています。しかし、送付動詞の場合は、相手に送ったものが届かない状況が、伝達動詞等と比べるとはるかに起こりやすく、そのような状況を私たちは容易に想起できるので、この私たちの社会常識や経験的知識から、「受領／所有」の解釈が生じない、と考えることができます。さらに(38b), (39b)の to を用いた構文では、構文自体に「受領／所有」の意味がありませんから、私たちの社会常識や経験的知識から、スーザンやビルは手紙を必ずしも受け取っているとは限らないという解釈が義務的になります。

送付動詞が過去形で二重目的語構文と to を用いた構文に用いられると、「受領／所有」の解釈がないという上記の考察は、次の「キャンセル文」が、どちらの構文でもまったく自然で適格であることから裏づけられます。

(40) a. I **sent** Mary the flowers, but she never got them.

b. I **sent** the flowers to Mary, but she never got them.
(41) a. John told me he'd **faxed/emailed** me the document, but for some reason I didn't get/receive it.
  b. John told me he'd **faxed/emailed** the document to me, but for some reason I didn't get/receive it.

したがって、「受領／所有」の解釈が生じるかどうかは、二重目的語構文か to を用いた構文かの違いも重要ですが、(23) と (37) の図で示したように、X と Y が同じ場所にいるかどうかに大きく依存していることになります。

ここで、二重目的構文の投与動詞と送付動詞の違いについて考えてみたいと思います。投与動詞は、X と Y が同じ場所にいて、X の当該行為に、X のコントロールの外にある第三者が介入せず、瞬時に終わる行為を表わします。したがって、投与動詞は、X の投与行為だけでなく、Z が Y に到達する過程全体を表わすものと容易に解釈されます。その結果、二重目的語構文の持っている「受領／所有」の意味が実現されたという解釈が容易に生じるものと考えられます。他方、送付動詞は、X と Y が同じ場所におらず、X の当該行為に、X のコントロールの外にある行為（たとえば郵便収集、宛先によるソーティング、配達地域への輸送、宛先配達など）が介入し、当該行為に時間がかかるか、あるいは、当該行為が終了したことを X が感知できないような要因（たとえばファックスの場合）が介入します。このため、送付動詞は、X 側が行なう当該行為に焦点を当てて解釈され、Z が Y に到達する過程を含めて解釈されることがあまりありません。その結果、「Y が Z を受領／所有するようにする」という X の意図が実現したかどうかは、あまり考慮されません。この事実と、すでに述べた、第三者の行為（たとえば、メール収集から配達までの行為）

の信頼性の欠如が重なって、二重目的語構文の送付動詞に、「受領／所有」の解釈がないことの原因になっているものと考えることができます。

● Write はどうか？

Write も二重目的語構文と to を用いた構文に現われ、何かを書いて人に伝達するという点では、上で考察した tell, show, read と同様、伝達動詞です。しかし、両者の大きな違いは、tell, show, read の場合は、伝達する人と伝達される人が通例、同じ場所にいるのに対し、write の場合は、両者が普通、別の場所にいます。そのため、ある人が別の人に伝えようと思って何かを書いても、それがその人に届くまでに、その人のコントロールの外にある第三者が介入して、何が起こるか分かりませんから、その人に必ず届くとは限りません。つまり、write は、送付動詞の特徴を兼ねた伝達動詞、つまり、X の当該行為に焦点をあて、その内容が相手 Y に到達する過程には焦点を合わせない動詞ということになります。したがって、Z が Y に届いたかどうかは考慮の対象外で、受領／所有の解釈が生じないものと考えられます。次の文では、どちらの構文でも、普通、メアリーが話し手の書いた手紙を受け取ったということまでは意味しません。

(42) a. I **wrote** Mary a letter. (=10a)
    b. I **wrote** a letter to Mary. (=10b)

その証拠に、次の「キャンセル文」はどちらも適格です（【付記7】参照）。

(43) a. **I wrote** Mary a letter, but I tore it up before I sent it.
　　b. **I wrote** a letter to Mary, but I tore it up before I sent it.

(43a, b) では、話し手はメアリーに手紙を書いたものの、それを送らないで破ってしまったので、メアリーには当然届いていません。したがって write も、どちらの構文で用いられても、相手が書かれたものを受け取っているということまでは必ずしも意味しません。そしてこの点は、送付動詞の場合と同様に説明することができます。

● 「将来の所有動詞」も同じ

　二重目的語構文と to を用いた構文に現われる動詞に、さらに「将来の所有動詞」と呼ばれる次のような動詞があります。

(44) 将来の所有動詞：promise（〈人に〉…を約束する）、offer（〈人に〉…を提供する）、leave（〈人に〉財産などを残して死ぬ）、assign/allocate（〈人に〉…を割り当てる）など。

たとえば、次の例を見てみましょう。

(45) a. Mary **promised** Sue her pearl necklace.
　　b. Mary **promised** her pearl necklace to Sue.

(45a, b) では、メアリーがスーに真珠のネックレスをあげると約束したのですが、スーが実際にもらうのは将来のことなので、(44) の動詞は「将来の所有動詞」と呼ばれます。

さて、これらの動詞が過去形で用いられた場合も、次のキャンセル文がいずれも適格であり、(a) と (b) でその適格性の程度に違いがないことから、どちらの構文で用いられても、「受領／所有」の解釈は必ずしも生じないことになります。

(46) a. Mary **promised** Sue her pearl necklace, but then she gave it to her old friend instead.
　　b. Mary **promised** her pearl necklace to Sue, but then she gave it to her old friend instead.
(47) a. He **offered** her a good position, but she refused his offer.
　　b. He **offered** a good position to her, but she refused his offer.

(46a, b) では、メアリーがスーにネックレスをあげると約束しただけですから、スーがそのネックレスを必ずもらえるという保証はありません。(47a, b) でも同様で、彼が彼女にいい地位をオファーしただけですから、彼女がそれを必ず受け入れるとは限りません。(46a) の二重目的語構文は、メアリーがスーにネックレスをあげると約束して、スーがネックレスの受領者／所有者に将来なるようにするということを表わしていますが、人に何かをあげると約束しても、その人が必ずそれをもらえる保証はないという社会常識が優先されて、どちらの構文でも、受領／所有の解釈が必ずしも生じないことになります。(47a, b) についても同様です。

● まとめ

本章では、二重目的語構文と to を用いた構文が過去形で用いられた場合に、「受領／所有」の解釈が生じるかどうかを考察し

ました。まず、動詞に隣接する目的語のほうが、動詞と離れた前置詞の目的語より、動詞の表わす行為の影響をより強く受けると解釈される((16)参照)ことから、二重目的語構文は、Xが当該の行為を行なって、YがZを「受領／所有」するようにする、という構文独自の意味を持ち、一方、to を用いた構文は、Xが当該の行為を行なって、ZがYに届くようにする、という構文独自の意味を持つことを示しました((17), (18)参照)。したがって、二重目的語構文の場合は、「受領／所有」の意味があるため、他の条件が同じであれば、to を用いた構文より、「受領／所有」の解釈が生じやすいことになります。しかし、「受領／所有」の解釈は、構文独自の意味に加え、XとYが同じ場所で、お互い手の届く範囲にいて行なう行為か、同じ場所にいても、両者が離れて行なう行為か、あるいは、両者が別の場所にいて行なう行為か、また、XがYに将来、「受領／所有」が起こるようにする行為か、などに大きく依存していることを示しました。つまり、これらのそれぞれの行為で、「受領／所有」が生じるかどうかに関する私たちの社会常識や経験的知識に大きく依存していることになります。そのため、to を用いた構文には、「受領／所有」の意味がないので、「受領／所有」の解釈の有無は、一重に私たちの社会常識や経験的知識に依存しています。一方、二重目的語構文は、「受領／所有」の意味があり、この意味が私たちの社会常識や経験的知識から強化される場合は、「受領／所有」の解釈が義務的に生じ、逆に、私たちの社会常識や経験的知識からキャンセルされやすい場合は、「受領／所有」の解釈が義務的ではなくなります。

　最後に、本章で考察した「受領／所有」の解釈の有無を表の形にまとめておきましょう。なお teach も、tell, show, read などと同様に、ある人が別の人にある事柄を（時間をかけて）「伝達」する（教える）ことを表わすので、「伝達動詞」のひとつと考えら

れます(【付記8】参照)。

(48)

	二重目的語構文	to を用いた構文
give, hand, pass, sell, lend, loan, rent など(授与動詞)、tell, show, read など(伝達動詞)	○	○
teach (伝達動詞)、throw, kick, toss, pitch など(投与動詞)	○	×
send, mail, forward, e-mail, ship, post, fax, fedex など(送付動詞)、write (伝達動詞)、promise, offer, leave, assign, allocate (将来の所有動詞)	×	×

● Teach で注意すべきこと

以上の考察を通して、「受領/所有」の解釈があるかどうかは、二重目的語構文か to を用いた構文かという、構文上の問題だけでなく、私たちの社会常識や経験的知識に大きく依存していることが分かりました。この反映として、teach に関してここでひとつ補足しておきたいことがあります。Teach の場合は、「習得」の解釈が二重目的語構文にはあり、to を用いた構文にはないことを上で観察しましたが((1a, b) を以下に再録)、学校教育というような状況で、先生がクラスで多くの生徒に英語や物理などの教科を教えるような場合は、生徒全員が先生の教えた事柄を学んだということは、どちらの構文でも示唆されません。常識的に考えて、むしろこのような場合は、教えられた事柄を学んだ生徒もも

ちろんいるでしょうが、十分には（あるいはまったく）学ばなかった生徒もいるだろうと推測され、この点はどちらの構文が用いられようと同じです。そのため、ネイティヴスピーカーに次のような文を示すと、彼らはどちらの構文でも、5年生や高校1年生が、必ずしも英語や物理を学んだとは限らないと判断します。

（1）a. Mary **taught** that boy English.［習得の解釈あり］
　　 b. Mary **taught** English to that boy.［習得の解釈不明］

（49）a. Her first year out of college, she **taught** a class of fifth-graders English.
　　　　［5年生は必ずしも英語を学んだとは限らない］
　　 b. Her first year out of college, she **taught** English to a class of fifth-graders.
　　　　［5年生は必ずしも英語を学んだとは限らない］
（50）a. She **taught** a class of tenth-graders physics.
　　　　［高校1年生は必ずしも物理を学んだとは限らない］
　　 b. She **taught** physics to a class of tenth-graders.
　　　　［高校1年生は必ずしも物理を学んだとは限らない］

したがって、次のキャンセル文は、どちらも適格です。

（51）a. Prof. Weber **taught** the freshmen physics, but nobody learned much.
　　 b. Prof. Weber **taught** physics to the freshmen, but nobody learned much.

この点は、学校教育というような状況では、ひとクラスの生徒も

多く、その誰もが教えられた事柄をすべて習得するというのは、一般に考えにくいという社会常識的解釈が、二重目的語構文の持つ習得の意味を打ち消していることの表われです。

コラム④

二重目的語構文と for を用いた構文に「所有」の意味はあるか？

次のような動詞は、二重目的語構文と、to ではなく、for を用いた構文をとる動詞としてよく知られ、「獲得動詞」と「創造動詞」と呼ばれています。

(1) a. 獲得動詞：buy, get, find, steal, order, catch, earn, grab, fetch, gain, pick, …
    b. 創造動詞：make, build, cook, knit, bake, fix, pour, sew, arrange, …

さて、これらの動詞が二重目的語構文と for を用いた構文で用いられると、第10章で考察した「所有」の意味はあるのでしょうか。ここではこの問題を考えてみましょう。

まず、次の文を見てください。

(2) a. John bought Mary a book.
    b. John bought a book for Mary.

(2a) では、ジョンが本を買い、その本をメアリーにあげることが意図されていますが（つまり、メアリーはその本の「意図された受領者」(intended recipient)）、メアリーがその本を受け取ったということまでは含意されていません。つまり、ジョンが買った本をメアリーが受け取っているという「所有」

の意味はありません。(2b) も同様です。ただ、(2b) が (2a) と違うのは、メアリーが for Mary と前置詞句で示されており、この場合は、メアリーが本の意図された受領者ではなく、たとえば、メアリーが自分の娘に本を買ってやりたいが、自分では本屋へ行けないので、ジョンがメアリーの代わりに本を買ってやった (つまり、「意図された本の受領者」はメアリーではなく、メアリーの娘) というような場合もあり得るという点です。

　ここで興味深いのは、(2a, b) は、どちらも「所有」の意味がないものの、ジョンが本を買って、それをメアリーの所へ持って行って<u>あげた</u>という、「所有」の意味の<u>推測</u>は、(2a) の二重目的語構文の方でより強く感じられるという点です。私たちが尋ねたネイティヴスピーカーの1人は、(2a, b) に関して次のように言いました。

(3) どちらの文も、メアリーが本を受け取っているという点は意味しません。しかし、わずかな違いですが、ジョンが本を買い、それをメアリーにあげているという推測は、(2a) の方が容易です。

二重目的語構文も for を用いた構文も、「所有」の意味は伝達しないので、次の「キャンセル文」はいずれも適格です。

(4) a. John **bought/got** Mary a book, but then gave it to her friend instead.
　　b. John **bought/got** a book for Mary, but then gave it to her friend instead.
(5) a. Dorothy **knitted** her boyfriend a scarf, but then

gave it to her brother instead.
b. Dorothy **knitted** a scarf for her boyfriend, but then gave it to her brother instead.

ただ、上で述べたように、ジョンが買った本をメアリーが受け取ったり、ドロスィーが編んだマフラーをボーイフレンドが受け取っているという推測が、二重目的語構文の方でより容易に働くので、ネイティヴスピーカーは、これらの文はすべて適格であるものの、for を用いた構文の (b) の方が、二重目的語構文の (a) より自然であると言います。

　以上の点から、(1a, b) のような動詞が二重目的語構文と for を用いた構文で使われると、どちらの場合も「所有」の意味はないものの、どちらかというと、二重目的語構文の方がその「所有」の意味を暗示はしやすいと言えます。

コラム⑤

間接目的語と直接目的語、「give 型」動詞と「buy 型」動詞はどこが違う？

二重目的語構文（S V O_1 O_2）の2つの目的語、間接目的語（O_1）と直接目的語（O_2）は、動詞の目的語という点では同じですが、さまざまな違いがあります。たとえば、文末に副詞が現われている文で、直接目的語（O_2）が長くて「重い」場合、(1b) のように副詞の後ろに移すことができますが、間接目的語（O_1）は、直接目的語の後ろに移すことができません（移動した元の位置を __ で示します）。

(1) a. John gave Mary [*a beautiful pearl necklace*] yesterday.
 b. John gave Mary __ yesterday [*a beautiful pearl necklace*].
(2) a. John gave [*his sister-in-law in Denver*] a pearl necklace.
 b.*John gave __ a pearl necklace [*his sister-in-law in Denver*]. (cf. John gave a pearl necklace *to* [his sister-in-law in Denver].)

(1b) では、直接目的語の a beautiful pearl necklace を yesterday の後ろに移すことができますが、(2b) では、間接目的語の his sister-in-law in Denver を間接目的語の後ろに

移すことができず、その場合は to ~を用いなければいけません。

次に、疑問文の場合を考えてみましょう。直接目的語は、(3b)のように、疑問詞になることに何の問題もありません。しかし、間接目的語が疑問詞になると、(3c)のように、適格である(√)と判断する人もいれば、適格性が多少落ちると判断する人もいます。(4a, b)に類例をあげます。

(3) a.   I gave Mary the Christmas present.
 b.   *What* did you give Mary __ ?
 c. √/?/?? *Who* did you give __ the Christmas present? (cf. *Who* did you give the Christmas present *to* __ ?)
(4) a. √/?/?? *Who* did Susan send __ a telegram? (cf. *Who* did Susan send a telegram *to* __ ?)
 b. √/?/?? *Who* are you teaching __ flower arrangement? (cf. *Who* are you teaching flower arrangement *to* __ ?)

ただ、(3c), (4a, b)を不自然だと判断する人でも、直接目的語が長くなれば、適格性が高くなると判断し、次のような文はまったく問題がないと話してくれました。これは、直接目的語が長いと、その後に to をつけにくいためです。

(5)   Who did Susan send [the telegram about being stranded in Afghanistan]?
   「スーザンは、アフガニスタンで立ち往生しているという電報を誰に打ちましたか。」

(3), (4) で注意したいのは、用いられている動詞が give, send, teach で、いずれも to ～構文に対応する「give 型」動詞だという点です。一方、for ～構文に対応する「buy 型」動詞の場合は、間接目的語を疑問詞にすると、まったく不適格な文になります。

(6) a. *Who did you *buy* __ a package of chocolate?
    b. *Whose mother did Bob *bake* __ a birthday cake?
    c. *Who did Carl *find* __ a new job?

したがって、間接目的語が疑問詞になるかどうかに関して、give 型動詞と buy 型動詞で違いがあり、give 型動詞の場合は適格性が多少落ちる程度なのに対し、buy 型動詞の場合は、間接目的語を疑問詞にすることができません。そのため、(6a) だと、Who did you buy a package of chocolate for __? のように言わなければなりません。

関係節に関しても、同様のことが言えます。次の例を見てみましょう。

(7) a. I gave / sent the girl the package of chocolate.
    b. This is *the package of chocolate* that I gave / sent the girl __ .
    c. Mary is *the girl* that I gave / sent __ the package of chocolate.
(8) a. They awarded Zana the Sakharov Prize.
    b. "Now I ask the European politicians if they have the right to say to *Zana*, whom they

awarded ＿ the Sakharov Prize."（実例）

(7a) の二重目的語構文の直接目的語 the package of chocolate を関係節化した (7b) は、まったく問題のない適格文です。さらに (7a) や (8a) の間接目的語 the girl や Zana を関係節化した (7c), (8b) も、次のように、to を用いた方がより一般的ですが、適格と判断されます。

(9) a. Mary is the girl that I gave / sent the package of chocolate *to*.（話し言葉）
　　b. Mary is the girl *to whom* I gave / sent the package of chocolate.（書き言葉）

ここで、(7), (8) の動詞は、give, send, award で、give 型動詞であることに注意してください。

これに対し、buy 型動詞の場合は、give 型動詞と違って、間接目的語を関係節化すると不適格になります。

(10) a. ??Mary is *the girl* that John *bought* ＿ a pearl necklace.
　　 b. *Mary is *the girl* that John *cooked* ＿ salmon.
　　 c. *Mary is *the girl* that John *found* ＿ a job.
　　 d. *Mary is *the girl* that John *built* ＿ a house.

同様の現象が、強調構文（分裂文）に関しても見られます。直接目的語は、強調構文の強調要素の位置に現われることができますし、間接目的語も、give 型動詞の場合は強調要素の位置に現われることができます。

(11) a. John gave / sent that girl a box of chocolate.
   b. It was *a box of chocolate* that John gave / sent that girl __ .
   c. It was *that girl* that John gave / sent __ a box of chocolate.

(12) a. They awarded South Korean President Kim Dae Jung the 2000 Nobel Prize for Peace.
   b. It was *the 2000 Nobel Prize for Peace* that they awarded South Korean President Kim Dae Jung __ .
   c. It was *South Korean President Kim Dae Jung* that they awarded __ the 2000 Nobel Prize for Peace.

(11b), (12b) では直接目的語が、(11c), (12c) では間接目的語が、強調構文の強調要素の位置に現われていますが、いずれも適格です。

しかし、buy 型動詞の場合は、give 型動詞と違って、間接目的語が強調構文の強調要素の位置に現われると、不適格になります。

(13) a. ??It was *that girl* that John *bought / got* __ a box of chocolate.
   b. *It was *that girl* that John *caught / cooked* __ some fish.
   c. *It was *that girl* that John *found* __ a good job.

Give 型動詞と buy 型動詞の違いは、受身文で一層顕著に表

われます。Give 型動詞の間接目的語は、(14a, b) のように、受身文の主語になれますが、buy 型動詞の間接目的語は、(15a-e) のように、受身文の主語になれません。

(14) a. Mary was *given* a Christmas present (by his father).
   b. Sue was *sent* picture postcards by John from Paris.
(15) a.*Mary was *bought* a Christmas present (by his father).
   b.*Sue was *built* a house by her father.
   c.*His mother was *baked* a birthday cake.
   d.*Janice was *got* a new dress by Carl.
   e.*Linda was *made* this dress by Jim.

一方、直接目的語は、間接目的語が代名詞でない場合、give 型動詞も buy 型動詞も受身文の主語になりにくいと判断されます。ただ、buy 型動詞の方が、give 型動詞の場合より適格性がはるかに低いと判断されます。

(16) a.??*A telegram* was sent Robert (by Mary). (cf. A telegram was sent *to* Robert (by Mary).)
   b.??*A Nobel Prize* was awarded the physics professor. (cf. A Nobel Prize was awarded *to* the physics professor.)
(17) a.**A birthday cake* was baked his mother. (cf. A birthday cake was baked *for* his mother.)
   b.**A house* was built Mary by her father. (cf. A

house was built *for* Mary by her father.)

ただ、イギリス英語では (16a, b) のような文が適格であると判断されます。また、興味深いことに、間接目的語が代名詞になると、(16a, b) のような give 型動詞の場合は、受身文が適格と判断されます。

(18) a. A telegram was *sent him* by the leaders of the council.
  b. It was *given me* by Gerald Kor as a Xmas present! (実例)
  c. The Ph.D. degree was *awarded him* by the University of Minnesota. (実例)
  d. It appears the defendants were poor and unable to employ an attorney in making their defense, and counsel was *assigned them* by the trial court. (実例)
  「被告たちは貧しく、自分の弁護をするのに弁護士を雇えず、弁護団が予審法廷によって彼らに割り当てられたらしい。」

ただ、ここでも興味深いことに、buy 型動詞の場合は、間接目的語が代名詞になっても不適格です。

(19) a. *A cake was *baked him* by his mother. (cf. A cake was baked *for* him by his mother.)
  b. Some fish were **caught* / ??*bought* / **cooked us*. (cf. Some fish were caught / bought /

cooked *for* us.）

以上の観察をまとめると、次の表のようになります。

	直接目的語		間接目的語	
	give 型	buy 型	give 型	buy 型
重名詞句移動	√	√	*	*
疑問文	√	√	√/?/??	*
関係節	√	√	√	*
分裂文	√	√	√	*
受身文	??(注)	*	√	*

注：間接目的語が代名詞なら √

この表から分かるように、buy 型動詞の間接目的語は、どのような形でも移動することができず、V O_1 O_2 の形で、いわば「凍結」状態にあります。

　二重目的語構文の直接目的語と間接目的語の間に見られる上記のような違いは、とても興味深く思えますが、しかし、なぜこのような違いが生じるのか、残念ながらまだ十分には分かっていません。

付記・参考文献

【第1章】

* 本章の内容は、Moon, Grace（2001）*Grammatical and Discourse Properties of the Imperative Subject in English.*（Doctoral dissertation, Harvard University）の考察に多くを負っています。

【付記1】 Moon（2001）は、聞き手を含まない3人称表現であっても、聞き手が、その3人称で表わされる人が行なう行為に関して責任を持っているような場合なら、命令文の主語になると主張し、次の例を含む11の例をあげています。

(i) a. **Your men** guard the front while we creep round to the back.
「我々が裏へ忍び足で回っている間、あなたの部下は表を見張っていてください。」

b. **Those children of yours** keep out of my garden or I'll set the dog on them.
「あなたのあの子供たちは私の庭に入らないようにしてください。そうでなきゃ、犬を放しますから。」

c. **All the girls** be put into one room, OK, Ann?
「女の子はみんな一部屋に入ってください、いいですか、アン？」

しかし、私たちがネイティヴスピーカーに確認したところ、(ia)に関しては適格と判断する人もいましたが、Moon（2001）があげる他の例も含め、(ia-c)を不自然、不適格と判断し、それぞれ次のような平叙文で表現されなければならないとの意見でした。

(ii) a. Your men **are to** guard the front while we creep round to the back.

b. Your men **will** guard the front while we creep round to the back.
(iii) a. Those children of yours (**had**) **better** keep out of my garden or I'll set the dog on them.
   b. **Tell** those children of yours **to** keep out of my garden or I'll set the dog on them.
(iv)   **Put** all the girls into one room, OK, Ann?

【付記２】 (12a)（= Everyone behave yourselves/themselves.）は命令文ですが、次のように命令文でない場合でも、everyone を指して２人称再帰代名詞の yourselves を用いることができます。

(i) I expect everyone in this class to behave yourselves/themselves.

ここでも、everyone は３人称ですが、聞き手を指しているので、yourselves が可能です。そしてもちろん、everyone を指して themselves も用いられ、私たちのネイティヴスピーカー・コンサルタントは、どちらも可能だが、自分だと themselves を使うだろうとのことでした。

【付記３】 Everyone は単数名詞なので、従来の「学校文法」では、それに呼応する再帰代名詞は themselves ではなく、単数の himself が用いられるべきだと教えられました。しかし、このような表現は一種の性差別表現と考えられるため、近年では次に示すように、he や his, himself の代わりに they や their, them, themselves（さらに themself も）が用いられるのが一般的です。

(i) a. **Everybody** loves **their** mother.
   b. **Everyone** did **their** best.
   c. **Everybody** enjoyed **themselves / themself**.

この詳細に関しては、久野・高見（2009）『謎解きの英文法―単

数か 複数か』(くろしお出版) の p. 119 と第9章をご覧ください。

【付記4】 (14) の状況では、Boys を主語とする命令文の Boys stand up. も、呼びかけ語＋命令文の Boys, stand up. も用いられますが、ただ、両者は、誰に向かっての命令であるかという点で違いがあります。後者の Boys, stand up. は、Boys が呼びかけ語ですから、この文は、その場に女の子がいても、その女の子に向けては発話されておらず、男の子だけに向けて発話された文です。それに対し、前者の Boys stand up. は、男の子だけに向けて発話された文として解釈することも、男の子と女の子の両方に向けて発話された文としても解釈されます(この違いの詳細は Moon (2001: 16-20) を参照)。

【第2章】
【付記】 (11B_1) の You stay with the children. が、本章で述べているように命令文なのか、あるいは未来時を指す現在形の定時制文なのか、定かでないと思われる読者の方がおられるかも知れません。しかし、未来時を指す現在形の定時制文には、(i) に示すように、don't/doesn't を用いた付加疑問文をつけることはできますが、won't を用いた付加疑問文をつけることはできません。

(i) a. The Red Sox play the New York Yankees tomorrow, **don't they?**

b. *The Red Sox play the New York Yankees tomorrow, **won't they?**

他方、命令文には、won't を用いた付加疑問文をつけることはできますが、don't を用いた付加疑問文をつけることはできません。

(ii) a. Come here, **won't you?**

b. *Come here, **don't you?**

上のテストを（11B₁）の You stay with the children. に適用すると、次の結果が得られます。

(iii) a. I'll go grocery shopping and you stay with the children, **won't you?**

b. *I'll go grocery shopping and you stay with the children, **don't you?**

(iiia)が適格文で、(iiib)が不適格文である、という事実は、(11B₁)の You stay with the children. が命令文であることを証明するものです。

【第3章】

【付記1】 この事実は、2人の話し手の間の質疑応答文での自明の主語の省略と、1人の話し手、あるいは書き手の文連続での自明の主語の省略とには、2つの異なった制約が適用され、英語を母語としない話し手が正しく習得することにさらなる難しさを与えていることを示しています。

【付記2】 (39)の2番目の文の can も、質疑応答パターンの答えの文で、それを残して自明の主語を省略すると、不適格文が生じます。

(i) Speaker A: How does John do in deep water?

Speaker B: a. He can't swim very well.

b.*Can't swim very well.

【第4章】

【付記】 特に(5b)のような文が主文に埋め込まれている場合、次の(ib)のように、まったく意味をなさない不適格文となります。

(i) a. 太郎がステーキを食べた、(そして)次郎がとんかつ

を食べたレストラン

b. *太郎がステーキを食べた、(そして) 次郎がとんかつを φ レストラン

【第5章】

【付記1】 実は、この規則は、BE 動詞のあとの述語形容詞句、述語名詞句にも適用する規則です。次の例を見てください。

(i) a. Mary is brilliant, and Jane is brilliant, too.

b. Mary is brilliant, and Jane is φ, too. (φ = brilliant)

(ii) a. Mary is a teacher, and Jane is a teacher, too.

b. Mary is a teacher, and Jane is φ, too. (φ = a teacher)

ですから、問題の規則は実際には、動詞句・述語形容詞句・述語名詞句省略規則なのですが、本章では、議論が複雑になるのを避けるため、動詞句省略の場合のみを考察することにします。以下の記述は、助動詞 do, does, did を be, is, am, are, was, were, been で置き換え、そのあとに続く動詞句を述語形容詞句、述語名詞句に置き換えれば、述語形容詞句、述語名詞句の省略の場合にも適用します。

【付記2】 (30A)の質問 When did John want to go to Paris? に対して、動詞句省略規則を want to go to Paris にではなく、その一部の go to Paris のみに適用して、次のように答えることも可能です。

(i) Speaker A: When did John want to go to Paris?

Speaker B: He wanted to φ in September. (φ = go to Paris)

ここでも興味深いことに、(iB)の回答には、in September が go to Paris を修飾する解釈(「彼はパリに9月に行くことを望んでいた」)はなく、wanted を修飾する解釈(「彼はパリに行くことを9月には望んでいた」)しかありません。しかし、(31)の in

September が want を修飾する構造でも、(32) の in September が go to Paris を修飾する構造でも、go to Paris は単一の動詞句を形成していますから、これらの構造を用いて (iB) の事実を説明することはできません。この謎を解くには、構造ではなく、副詞句((iB) の場合 in September) が修飾していない要素 (want) を残して、修飾している要素 (go to Paris) を省略することはできない、という機能的制約に依拠しなければなりませんが、ここではその詳細は割愛します。関心のある読者は、久野・高見 (2007a: 第1章) をご参照ください。

【第6章】

【付記】 (34a-c) や (35) の The fact that... and the fact that... は、The facts that... and that... のように書き換えることができます。つまり、2つの単数形 fact をひとつの複数形 facts にまとめることが可能です。

【第7章】

【付記】 (20a, b) の例は、(19a, b) と同様に、意味上の主語の左側の要素が、その主語の「消滅」を表わすと考えることも可能です (第9章の「場所句倒置文 (2)」(24a, b) を参照)。ただ there 構文は、次のように、主語指示物の純粋な「非存在」を表わす場合がたくさんありますから、本文では、(20a, b) が、以下のような例と同様に、主語指示物の「非存在」を表わすものとして提示しています。

(i) a. There is no place like home.
   b. There has never been anybody like you.
   c. There doesn't exist any conflict between the two countries.
   d. There had never ruled a king who was as miserly as King

Midas.

「ミダース王ほどけちな王がこれまで治めたことはなかった。」

【第9章】

【付記1】 Levin and Rappaport Hovav (1995) は、場所句倒置文には、melt や break など、状態変化動詞は用いられないと主張しています((16a) 参照)、(16b) が適格なことから、このような主張は妥当でないことが分かります。以下に(ほぼ)適格な例を追加しておきます。

(i) a. ok/?Across the street from the burning house **was melting vinyl siding on other houses that were not themselves on fire**.

「燃えている家の通りの向こう側で、燃えてはいない他の家々のビニール樹脂の羽目板が溶けていた。」

b. The hot August sun beat down on the children as they walked down the street. Johnny was spooning up soggy sherbet out of a cardboard cup; **in Maria's sticky hand melted a chocolate-chip ice cream cone**.

(Birner 1995: 254)

「八月の暑い太陽が通りを歩く子供たちに照りつけていた。ジョニーは、紙のカップからぐしょぐしょになったシャーベットをスプーンですくっていた。マリアのべとべとした手には、コーンのチョコレートチップ・アイスクリームが溶けていた。」

【付記2】 私たちは第7章で、次のような there 構文を提示し、

there 構文には他動詞も用いられることを観察しました（第 7 章の（8a-c））。

(i) a. Then, all of a sudden, there **reached** her ears the sound of angel voices.（他動詞）
「そして突然、彼女の耳に天使の声が聞こえてきた。」
b. There **crossed** her mind a most horrible thought.（他動詞）
「彼女の心にとても恐ろしい考えがよぎった。」
c. There **entered** the room an indescribably malodorous breath of air.（他動詞）
「部屋に筆舌に尽くしがたい悪臭が漂ってきた。」

しかし、場所句倒置文には、自動詞のみ現われ、他動詞は現われません。したがって、次のような文は、主語指示物の出現を表わしていると解釈されますが、他動詞（reach, enter）を含んでおり不適格です。

(ii) a. *Out of the next room **reached** our ears a blood-curdling scream.
「隣の部屋から身の毛もよだつ叫び声が聞こえてきた。」
b. *Out of the window **entered** the room an indescribably malodorous breath of air.
「窓から筆舌に尽くしがたい悪臭が部屋に漂ってきた。」

この事実から、場所句倒置文に他動詞が用いられないのは、意味的、機能的要因によるものではなく、統語的、構文的要因によるものであると考えられます。

【第 10 章】
【付記 1】 このような違いがどんな文献で言われているかに関心

のある方は、次のような文献を参照してください。Green (1974), Lakoff and Johnson (1980: 130), Langacker (1987: 39; 1991: 358-360), Pinker (1989: 48, 73, 82-84), Croft (1991: 204-205), Goldberg (1995: 33), Krifka (1999, 2004), Hale and Keyser (2002), Beck and Johnson (2004).

【付記2】 このような主張は、Pinker (1989), Krifka (1999, 2004), Goldberg (1995) 等によるものです。

【付記3】 Pinker (1989) や Krifka (1999) 等では、(6) の表記 'X CAUSES Y to MOVE/GO TOWARD Z' の代わりに、TO が用いられた次の表記になっています。
 (i) X CAUSES Y to MOVE/GO TO Z
この表記は、YがZに到達することを意味します。しかし、(6) の例文 The pitcher threw the ball to the shortstop. は、本文で述べるように、ショートにボールが届かなかった場合にも使える文ですから、to を用いた構文の意味の正しい表記とは言えません。(6) で Pinker (1989) や Krifka (1999) 等の表記の TO を TOWARD に変えたのは、この理由によります。TOWARD なら、「X が Y を Z の方へ移動する／行くようにする」というだけで、Y が Z に到達するかどうかは不明ですから、Y が Z に届かない場合の記述に用いられても一向に構わないということになります。

【付記4】 (17b) の二重目的語構文が表わす「Y が Z を『受領／所有』するようにする」と、(18b) の to を用いた構文が表わす「Z が Y に届くようにする」という意味は、少しテクニカルになりますが、「含意」(当然の帰結として含まれる意味) ではなく、「暗意」(暗に示唆される意味) です。たとえば、John has three children.（ジョンには子供が 3 人いる）という文では、「子供が 1 人いる」や「子供が 2 人いる」は、この文からの当然の帰結で、「含意」です。一方、この文から「ジョンには子供が 4 人以上はいない」と推測されますが、これは「暗意」であって、「含意」ではありません。両者の重要な違いは、含意は打ち消すことができませんが、暗意は打ち消すことができるということです（久野・高見（2007b）『謎解きの英文法―否定』pp. 129-130 を参照）。

(i)　John has three children.

　　　含意：John has one child. John has two children.

　　　暗意：John doesn't have more than three children.

　　a.　含意の打ち消し：John has three children. *As a matter of fact, he doesn't have any children.

　　b.　暗意の打ち消し：John has three children. As a matter of fact, he has four children.

この点を踏まえて、次の文を見てください。

(ii)　a.　The catcher threw the shortstop the ball, but it fell short of him.

　　b.　The catcher threw the ball to the shortstop, but it fell short of him.

(iia, b) の第 2 文のように、二重目的語構文の「所有／受領」や「到着」の解釈を打ち消す特殊な文脈（投げたボールが相手に届かなかった状況）を想定することは可能で、(iia, b) はどちらも適格です。そのため、両構文が表わす所有や受領、到着の意味は、暗意であって、含意ではありません。

【付記 5】　念のため、(35a) の類例をあげておきます。

(i)　　I **sold** someone my antique vase on eBay, but it was lost in transit and **they never got it**.（実例）（cf. 26a）

「私はある人にイーベイ(インターネットオークションを行なうサイト)で骨董品の花瓶を売ったが、輸送中になくなり、その人はそれを受け取れなかった。」

(ii) John put a bunch of stuff on eBay to raise some extra money for his vacation. He **sold** Mary his big dictionary for $15 but **she never got it**. He's going to look up the tracking number online to see what went wrong. He sent it standard shipping and it should have arrived a few days ago.(実例)(cf. 26a)

蛇足ながら、(i) では someone が they で受けてあることに注意してください。イーベイで花瓶を売った相手が男性か女性か分からないので、he または she で受けることができず(he/she や he or she という言い方はありますが、煩雑です)、このような場合、男性/女性を区別しない、意味上単数の they が近年では広く用いられています(久野・高見 (2009)『謎解きの英文法—単数か複数か』p.119, 192 を参照)。

【付記6】 その男がローレンに家を売ったにもかかわらず、ローレンがその家を実際には所有していないことを表わす (35a) の文が適格であることから、授与動詞の二重目的語構文の意味、すなわち、「X (その男) が当該の行為 (家を売る) を行なって、Y (ローレン) が Z (家) を『受領/所有』するようにする」、が妥当でないのではと思われる読者がおられるかもしれません。しかし、その男の詐欺行為の詐欺たる所以は、まさにこの「ローレンがその家を『受領/所有』するようにする」にあったわけですから、二重目的語構文の表わす意味がむしろ妥当だということになります。

【付記7】　私たちが尋ねたネイティヴスピーカーや Rappaport Hovav and Levin（2008: 148）は、(43b) の to を用いた構文のキャンセル文だけでなく、(43a) の二重目的語構文を用いたキャンセル文も、同じ程度に適格と判断しましたが、後者の場合は、適格性判断に揺れがあるようで、Oehrle（1976）は次の文を提示し、二重目的語構文を用いたキャンセル文は不自然だと判断しています。

(i)　a.　After I wrote a few words to him, I tore the letter up.

　　b. ??After I wrote him a few words, I tore the letter up.

この点は、二重目的語構文が、X が Y に Z を書いて、Y が Z を「受領／所有」するようにするという意味を持っているので、この主語の意図性が、(ib) を不自然と判断する話し手には、適格と判断する話し手より、より強く働いているのだと考えられます。

【付記8】　Rappaport Hovav and Levin（2008）は、「語彙意味論」と呼ばれる文法理論の立場から、「受領／所有」の解釈が二重目的語構文と to を用いた構文にあるかどうかは、これらの構文に依存するのではなく、動詞の意味に全面的に依存すると主張しています。そして、これらの構文に授与動詞が用いられると、どちらの場合も「受領／所有」の解釈があり、他の動詞が用いられると、どちらの場合も「受領／所有」の解釈がないと主張しています。しかし、この主張は、本章の (33), (34) で指摘したような特殊な状況を設定した例文に基づいているため、(i) teach や投与動詞などで、二重目的語構文と to を用いた構文で違いがあること（(1a, b), (3a, b), (4a, b) 参照）、(ii) 伝達動詞の tell, show, read などは、どちらの構文でも「受領／所有」の解釈がある（(30)–(32) 参照）、という点などを説明できず、(5), (6) の主張と同様に、妥当な説明とは言えません。

【参考文献】

- Beck, Sigrid and Kyle Johnson (2004) "Double Objects Again," *Linguistic Inquiry* 35, 97-124.
- Birner, Betty (1994) "Information Status and Word Order: An Analysis of English Inversion," *Language* 70, 233-259.
- Birner, Betty (1995) "Pragmatic Constraints on the Verb in English Inversion," *Lingua* 97, 233-256.
- Birner, Betty and Gregory Ward (1998) *Information Status and Noncanonical Word Order in English*. Amsterdam: John Benjamins.
- Croft, William (1991) *Syntactic Categories and Grammatical Relations*. Chicago: University of Chicago Press.
- Goldberg, Adele (1995) *Constructions: A Construction Grammar Approach to Argument Structure*. Chicago: University of Chicago Press.
- Green, Georgia (1974) *Semantics and Syntactic Regularity*. Bloomington: Indiana University Press.
- Hale, Ken and Samuel J. Keyser (2002) *Prolegomenon to a Theory of Argument Structure*. Cambridge, Mass.: MIT Press.
- Hankamer, Jorge (1973) "Unacceptable Ambiguity," *Linguistic Inquiry* 4, 17-68.
- 廣瀬幸生・長谷川葉子 (2010)『日本語から見た日本人―主体性の言語学』開拓社。
- 池上嘉彦 (1995)『英文法を考える』筑摩書房。
- 池上嘉彦 (2006)『英語の感覚・日本語の感覚―〈ことばの意味〉のしくみ』日本放送出版協会。
- Krifka, Manfred (1999) "Manner in Dative Alternation," *WCCFL* 18, 260-271. Somerville, Mass.: Cascadilla Press.
- Krifka, Manfred (2004) "Semantic and Pragmatic Conditions for the Dative Alternation," *Korean Journal of English Language and Linguistics* 4, 1-32.
- 久野暲・高見健一 (2004)『謎解きの英文法―冠詞と名詞』くろしお出版。
- 久野暲・高見健一 (2007a)『英語の構文とその意味―生成文法と機能的構文論』開拓社。
- 久野暲・高見健一 (2007b)『謎解きの英文法―否定』くろしお出版。

- ☆ 久野暲・高見健一（2009）『謎解きの英文法―単数か 複数か』くろしお出版。
- ☆ Lakoff, George and Mark Johnson（1980）*Metaphors We Live By*. Chicago: University of Chicago Press.
- ☆ Langacker, Ronald（1987）*Foundations of Cognitive Grammar: Theoretical Prerequisites*. Stanford: Stanford University Press.
- ☆ Langacker, Ronald（1991）*Foundations of Cognitive Grammar: Descriptive Applications*. Stanford: Stanford University Press.
- ☆ Levin, Beth and Malka Rappaport Hovav（1995）*Unaccusativity: At the Syntax-Lexical Semantics Interface*. Cambridge, Mass.: MIT Press.
- ☆ Moon, Grace（2001）*Grammatical and Discourse Properties of the Imperative Subject in English*. Doctoral dissertation, Harvard University.
- ☆ Oehrle, Richard（1976）*The Grammatical Status of the English Dative Alternation*. Doctoral dissertation, MIT.
- ☆ Pinker, Steven（1989）*Learnability and Cognition: The Acquisition of Argument Structure*. Cambridge, Mass.: MIT Press.
- ☆ Quirk, Randolph, Sidney Greenbaum, Geoffrey Leech and Jan Svartvik（1972）*A Grammar of Contemporary English*. London: Longman.
- ☆ Quirk, Randolph, Sidney Greenbaum, Geoffrey Leech and Jan Svartvik（1985）*A Comprehensive Grammar of the English Language*. London: Longman.
- ☆ Rappaport Hovav, Malka and Beth Levin（2008）"The English Dative Alternation: The Case for Verb Sensitivity," *Journal of Linguistics* 44, 129-167.
- ☆ Ross, John R.（1970）"Gapping and the Order of Constituents," in Bierwisch, Manfred and Karl E. Heidolph（eds.）*Progress in Linguistics*, 249-259. The Hague: Mouton.
- ☆ Schmerling, Susan（1973）"Subjectless Sentences and the Notion of Surface Structure," in Corum, Claudia, T. Cedric Smith-Stark and Ann Weiser（eds.）*Papers from The Ninth Regional Meeting*, 577-586. Chicago Linguistics Society.
- ☆ Swan, Michael（2005）*Practical English Usage*. Oxford: Oxford University Press.

[著者紹介]

久野　暲（くの・すすむ）
1964年にハーバード大学言語学科Ph.D.を取得し、同学科で40年間教鞭をとる。現在、ハーバード大学名誉教授。主な著作に『日本文法研究』（大修館書店、1973）、『談話の文法』（大修館書店、1978）、『新日本文法研究』（大修館書店、1983）、*Functional Syntax* (University of Chicago Press, 1987) などがある。

高見　健一（たかみ・けんいち）
1990年に東京都立大学文学博士号を取得し、静岡大学、東京都立大学を経て、現在、学習院大学文学部教授。主な著作に *Preposition Stranding* (Mouton de Gruyter, 1992)、『機能的構文論による日英語比較』（くろしお出版、1995）、『日英語の機能的構文分析』（鳳書房、2001）などがある。

なお、二人の共著による主な著作に *Grammar and Discourse Principles* (University of Chicago Press, 1993)、『日英語の自動詞構文』（研究社、2002）、*Quantifier Scope*（くろしお出版、2002）、*Functional Constraints in Grammar* (John Benjamins, 2004)、『日本語機能的構文研究』（大修館書店、2006）、『英語の構文とその意味』（開拓社、2007）、『謎解きの英文法─冠詞と名詞／文の意味／否定／単数か複数か／時の表現─』（くろしお出版、2004／2005／2007／2009／2013）などがある。

謎解きの英文法　省略と倒置

発行	2013年5月1日　第1刷発行 2017年5月9日　第3刷発行
著者	久野　暲・高見　健一
装丁	折原カズヒロ
イラスト	益田賢治
印刷所	藤原印刷株式会社
編集	岡野秀夫
発行所	株式会社　くろしお出版 〒113-0033 東京都文京区本郷 3-21-10 浅沼第二ビル 6F TEL 03-5684-3389　FAX 03-5684-4762 http://www.9640.jp/　e-mail:kurosio@9640.jp

Ⓒ Susumu Kuno, Ken-ichi Takami 2013 Printed in Japan

ISBN978-4-87424-589-7　C1082

●乱丁・落丁はおとりかえいたします。本書の無断転用・複製を禁じます。